吳墉祥在台日記
（1968）

The Diaries of Wu Yung-hsiang at Taiwan, 1968

民國日記｜總序

呂芳上
民國歷史文化學社社長

　　人是歷史的主體，人性是歷史的內涵。「人事有代謝，往來成古今」（孟浩然），瞭解活生生的「人」，才較能掌握歷史的真相；愈是貼近「人性」的思考，才愈能體會歷史的本質。近代歷史的特色之一是資料閎富而駁雜，由當事人主導、製作而形成的資料，以自傳、回憶錄、口述訪問、函札及日記最為重要，其中日記的完成最即時，描述較能顯現內在的幽微，最受史家重視。

　　日記本是個人記述每天所見聞、所感思、所作為有選擇的紀錄，雖不必能反映史事整體或各個部分的所有細節，但可以掌握史實發展的一定脈絡。尤其個人日記一方面透露個人單獨親歷之事，補足歷史原貌的闕漏；一方面個人隨時勢變化呈現出不同的心路歷程，對同一史事發為不同的看法和感受，往往會豐富了歷史內容。

　　中國從宋代以後，開始有更多的讀書人有寫日記的習慣，到近代更是蔚然成風，於是利用日記史料作歷

史研究成了近代史學的一大特色。本來不同的史料，各有不同的性質，日記記述形式不一，有的像流水帳，有的生動引人。日記的共同主要特質是自我（self）與私密（privacy），史家是史事的「局外人」，不只注意史實的追尋，更有興趣瞭解歷史如何被體驗和講述，這時對「局內人」所思、所行的掌握和體會，日記便成了十分關鍵的材料。傾聽歷史的聲音，重要的是能聽到「原音」，而非「變音」，日記應屬原音，故價值高。1970年代，在後現代理論影響下，檢驗史料的潛在偏見，成為時尚。論者以為即使親筆日記、函札，亦不必全屬真實。實者，日記記錄可能有偏差，一來自時代政治與社會的制約和氛圍，有清一代文網太密，使讀書人有口難言，或心中自我約束太過。顏李學派李塨死前日記每月後書寫「小心翼翼，俱以終始」八字，心所謂為危，這樣的日記記錄，難暢所欲言，可以想見。二來自人性的弱點，除了「記主」可能自我「美化拔高」之外，主觀、偏私、急功好利、現實等，有意無心的記述或失實、或迴避，例如「胡適日記」於關鍵時刻，不無避實就虛，語焉不詳之處；「閻錫山日記」滿口禮義道德，使用價值略幾近於零，難免令人失望。三來自旁人過度用心的整理、剪裁、甚至「消音」，如「陳誠日記」、「胡宗南日記」，均不免有斧鑿痕跡，不論立意多麼良善，都會是史學研究上難以彌補的損失。史料之於歷史研究，一如「盡信書不如無書」的話語，對證、勘比是個基本功。或謂使用材料多方查證，有如老吏斷獄、法官斷案，取證求其多，追根究柢求其細，庶幾還原

案貌，以證據下法理註腳，盡力讓歷史真相水落可石出。是故不同史料對同一史事，記述會有異同，同者互證，異者互勘，於是能逼近史實。而勘比、互證之中，以日記比證日記，或以他人日記，證人物所思所行，亦不失為一良法。

從日記的內容、特質看，研究日記的學者鄒振環，曾將日記概分為記事備忘、工作、學術考據、宗教人生、游歷探險、使行、志感抒情、文藝、戰難、科學、家庭婦女、學生、囚亡、外人在華日記等十四種。事實上，多半的日記是複合型的，柳貽徵說：「國史有日歷，私家有日記，一也。日歷詳一國之事，舉其大而略其細；日記則洪纖必包，無定格，而一身、一家、一地、一國之真史具焉，讀之視日歷有味，且有補於史學。」近代人物如胡適、吳宓、顧頡剛的大部頭日記，大約可被歸為「學人日記」，余英時翻讀《顧頡剛日記》後說，藉日記以窺測顧的內心世界，發現其事業心竟在求知慾上，1930 年代後，顧更接近的是流轉於學、政、商三界的「社會活動家」，在謹厚恂恂君子後邊，還擁有激盪以至浪漫的情感世界。於是活生生多面向的人，因此呈現出來，日記的作用可見。

晚清民國，相對於昔時，是日記留存、出版較多的時期，這可能與識字率提升、媒體、出版事業發達相關。過去日記的面世，撰著人多半是時代舞台上的要角，他們的言行、舉動，動見觀瞻，當然不容小覷。但，相對的芸芸眾生，識字或不識字的「小人物」們，在正史中往往是無名英雄，甚至於是「失蹤者」，他們

如何參與近代國家的構建，如何共同締造新社會，不應
該被埋沒、被忽略。近代中國中西交會、內外戰事頻
仍，傳統走向現代，社會矛盾叢生，如何豐富歷史內
涵，需要傾聽社會各階層的「原聲」來補足，更寬闊的
歷史視野，需要眾人的紀錄來拓展。開放檔案，公布公
家、私人資料，這是近代史學界的迫切期待，也是「民
國歷史文化學社」大力倡議出版日記叢書的緣由。

導言

侯嘉星
國立中興大學歷史學系助理教授

　　《吳墉祥在台日記》的傳主吳墉祥（1909-2000），
字茂如，山東棲霞縣人。幼年時在棲霞就讀私塾、新式
小學，後負笈煙台，畢業於煙台模範高等小學、私立
先志中學。中學期間受中學校長、教師影響，於1924
年加入中國國民黨；1927 年 5 月中央黨務學校在南京
創設時報考錄取，翌年奉派於山東省黨部服務。1929
年黨務學校改為中央政治學設大學部，故1930 年申請
返校就讀，進入財政系就讀，1933 年以第一名成績畢
業。自政校畢業後留校擔任助教 3 年，1936 年由財政
系及黨部推薦前往安徽地方銀行服務，陸續擔任安慶分
行副理、經理，總行稽核、副總經理，時值抗戰軍興，
隨同皖省政府輾轉於山區維持經濟、調劑金融。1945
年因抗戰勝利在望，山東省主席何思源遊說之下回到故
鄉任職，協助重建山東省銀行。

　　1945 年底山東省銀行正式開業後，傳主擔任總經
理主持行務；1947 年又受國民黨中央黨部委派擔任黨
營事業齊魯公司常務董事，可說深深參與戰後經濟接收
與重建工作。這段期間傳主也通過高考會計師合格，
並當選棲霞區國民大會代表。直到 1949 年 7 月因戰局
逆轉，傳主隨政府遷台，定居於台北。1945 至 1950 這

6 年間的日記深具歷史意義，詳細記載這一段經歷戰時
淪陷區生活、戰後華北接收的諸般細節，乃至於國共內
戰急轉直下的糾結與倉皇，可說是瞭解戰後初期復員工
作、經濟活動以及政黨活動的極佳史料，已正式出版為
《吳墉祥戰後日記》，為戰後經濟史研究一大福音。

1949 年來台後，除了初期短暫清算齊魯公司業務
外，傳主以會計師執照維生。當時美援已進入台灣，
1956 年起受聘為美國國際合作總署駐華安全分署之高
級稽核，主要任務是負責美援項目的帳務查核，足跡
遍及全台各地。1960 年代台灣經濟好轉，美援項目逐
漸減少，至 1965 年美援結束，傳主改任職於中美合營
之台達化學工業公司，擔任會計主任、財務長，直到
1976 年退休；國大代表的職務則保留至 1991 年退職。
傳主長期服務於金融界，對銀行、會計及財務工作歷練
豐富，這一點在《吳墉祥戰後日記》的價值中已充分顯
露無遺。來台以後的《吳墉祥在台日記》，更是傳主親
歷中華民國從美援中站穩腳步、再到出口擴張達成經濟
奇蹟的各個階段，尤其遺留之詳實精采的日記，成為回
顧戰台灣後經濟社會發展的寶貴文獻，其價值與意義，
以下分別闡述之。

一

史料是瞭解歷史、探討過去的依據，故云「史料為
史之組織細胞，史料不具或不確，則無復史之可言」
（梁啟超，《中國歷史研究法》）。在晚近不斷推陳出
新的史料類型中，日記無疑是備受歷史學家乃至社會各

界重視的材料。相較於政府機關、公司團體所留下之日常文件檔案，日記恰好為個人在私領域中，日常生活留下的紀錄。固然有些日記內容側重公事、有些則抒發情懷，但就材料本身而言，仍然是一種私人立場的記述，不可貿然將之視為客觀史實。受到後現代主義的影響，日記成為研究者與傳主之間的鬥智遊戲。傳主寫下對事件的那一刻，必然帶有個人的想法立場，也帶有某些特別的目的，研究者必須能分辨這些立場與目的，從而探索傳主內心想法。也因此，日記史料之使用有良窳之別，需細細辯證。

那麼進一步說，該如何用使日記這類文獻呢？大致來說，良好的日記需要有三個條件，以發揮內在考證的作用：（1）日記之傳主應該有一定的社會代表性，且包含生平經歷，乃至行止足跡等應具體可供複驗。（2）日記須具備相當之時間跨度，足以呈現長時段的時空變化，且年月日之間的紀錄不宜經常跳躍脫漏。（3）日記本身的文字自然越詳細充實越理想，如此可以提供豐富素材，供來者進一步考辨比對。從上述三個條件來看，《吳墉祥在台日記》無疑是一部上佳的日記史料。

就代表社會性而言，傳主曾擔任省級銀行副總經理、總經理，又當選為國大代表；來台後先為執業會計師，復受聘在美援重要機構中服務，接著擔任大型企業財務長，無論學經歷、專業素養都具有相當代表性。藉由這部日記，我們可以在過去國家宏觀政策之外，以社會中層技術人員的視角，看到中美合作具體的執行情

況，也能體會到這段時期的政治、經濟和社會變遷。

　　而在時間跨度方面，傳主自 1927 年投考中央黨務學校起，即有固定寫作日記的習慣，但因抗戰的緣故，早年日記已亡佚，現存日記自1945 年起，迄於 2000年，時間跨度長達 55 年，僅 1954 年因蟲蛀損毀，其餘均無日間斷，其難能可貴不言可喻。即便 1945 年至 1976 年供職期間的日記，也長達 32 年，借助長時段的分析比對，我們可以對傳主的思想、心境、性格，乃至習慣等有所掌握，進而對日記中所紀錄的內容有更深層的掌握。

　　最重要的，是傳主每日的日記寫作極有條理，每則均加上「職務」、「師友」、「體質」「娛樂」、「家事」、「交際」、「游覽」等標題，每天日記或兩則或三則不等，顯示紀錄內容的多元。這些內容所反映的，不僅是公務上的專業會計師，更是時代變遷中的黨員、父親、國民。因此從日記的史料價值來看，《吳墉祥在台日記》能帶領我們，用豐富的角度重新體驗一遍戰後台灣的發展之路，也提供專業財經專家觀點以及可靠的事件觀察記錄，讓歷史研究者能細細品味 1951 年至 1976 年這 26 年間，種種宏觀與微觀的時代變遷。

二

　　戰後中華民國的各項成就中，最被世界所關注的，首推是 1980 年代前後台灣經濟奇蹟（Taiwan Economic Miracle）了。台灣經濟奇蹟的出現，有其政策與產業的背景，1950 年開始在美援協助下政府進行基礎建設

與教育投資，配合進口替代政策發展國內產業。接著在1960 年代起，推動投資獎勵與出口擴張、設立加工出口區，開啟經濟起飛的年代。由於經濟好轉，1963 年起台灣已經累積出口外匯，開始逐步償還美援，在國際間被視為美援國家中的模範生，為少數能快速恢復經濟自主的案例。在這樣的時代背景中，美援與產業經營，成為分析台灣經濟奇蹟的關鍵。

《吳墉祥在台日記》中，傳主除了來台初期還擔任齊魯公司常務董事，負責清算業務外，直到 1956 年底多憑會計師執照維持生計，但業務並不多收入有限，反映此時台灣經濟仍未步上軌道，也顯示遷台初期社會物質匱乏的處境。1956 年下半，負責監督美援計畫執行的駐華安全分署招聘稽核人員，傳主獲得錄用，成為美方在台雇用的職員。從日記中可以看到，美援與中美合作並非圓滑順暢，1956 年 11 月 6 日有「中午王慕堂兄來訪，謂已聞悉安全分署對余之任用業已確定，以前在該署工作之中國人往往有不歡而散者，故須有最大之忍耐以與洋員相處云」，透露著該工作也不輕鬆，中美合作之間更有許多幽微之處值得再思考。

戰後初期美援在台灣的重大建設頗多，傳主任職期間往往要遠赴各地查帳，日記中記錄公務中所見美援支出項目的種種細節，這是過去探討此一課題時很少提到的。例如 1958 年 4 月前往中橫公路工程處查帳，30 日的日記中發現「出於意外者則另有輔導會轉來三萬餘元之新開支，係輔導會組織一農業資源複勘團，在撥款時以單據抵現由公路局列帳者，可謂驢頭不對馬嘴矣。除

已經設法查詢此事有無公事之根據外，當先將其單據
內容加以審核，發現內容凌亂，次序亦多顛倒，費時良
久，始獲悉單據缺少一萬餘元，當交會計人員與該會再
行核對」。中橫公路的經費由美援會提供公路局執行，
並受美方監督。傳主任職的安全分署即為監督機構，從
這次的查帳可以發現，對於執行單位來說，往往有經費
互相挪用的便宜行事，甚至單據不清等問題，傳主查帳
時一一指出這些問題乃為職責所在，亦能看到其一絲不
苟的態度。1962 年 6 月 14 日傳主前往中華開發公司查
帳時也注意到：「中華開發信託公司為一極特殊之構
成，只有放款，並無存款，業務實為銀行，而又無銀行
之名，以余見此情形，甚懷疑何以不能即由 AID（國際
開發總署）及美援會等機構委託各銀行辦理，豈不省費
省時？現開發公司待遇奇高，為全省之冠，開支浩大，
何以必設此機構辦理放款，實難捉摸云」，顯然他也看
到許多不合理之處，這些紀錄可提供未來探討美援運
用、中美合作關係的更深一層面思考。

　　事實上，最值得討論的部分，是傳主在執行這些任
務所表現出來的操守與堅持，以及這種道德精神。瞿宛
文在《台灣戰後經濟發展的源起：後進發展的為何與如
何》一書中強調，台灣經濟發展除了經濟層面的因素
外，不能忽略經濟官僚的道德力量，特別是這些人經歷
過大陸地區的失敗，故存在著迫切的內在動力，希望努
力建設台灣以洗刷失敗的恥辱。這種精神不僅在高層官
僚中存在，以傳主為代表的中層知識分子與專業人員，
同樣存在著愛國思想、建設熱忱。這種愛國情懷不能單

純以黨國視之，而是做為知識分子對近代以來國家認同發自內心的追求，這一點從日記中的許多事件細節的描述可以觀察到。

三

1951 年至 1965 年間，除了是台灣經濟由百廢待興轉向起飛的階段，也是政治社會上的重大轉折年代。政治上儘管處於戒嚴與動員戡亂時期，並未有太多自由，但許多知識分子仍然有自己的立場批評時政，特別是屬於私領域的日記，更是觀察這種態度的極佳媒介，從以下兩個小故事可以略窺一二。

1960 年頭一等的政治大事，是討論總統蔣中正是否能續任，還是應該交棒給時任副總統的陳誠？依照憲法規定，總統連選得連任一次，在蔣已於 1954 年連任一次的情況下，不少社會領袖呼籲應該放棄再度連任以建立憲政典範。然而國民大會先於 3 月 11 日通過臨時條款，無視憲法條文規定，同意在特殊情況下蔣得以第二度連任。因此到了 3 月 21 日正式投票當天，傳主在日記中寫下：

> 上午，到中山堂參加國民大會第三次會議第一次選舉大會，本日議程為選舉總統……蓋只圈選蔣總統一人，並無競選乃至陪選者，亦徒具純粹之形式而已。又昨晚接黨團幹事會通知，囑一致投票支持，此亦為不可思議之事……開出圈選蔣總統者 1481 票，另 28 票未圈，等於空白票，此皆為預料中之

> 結果，於是街頭鞭炮齊鳴，學生遊行於途，電台廣
> 播特別節目，一切皆為預定之安排，雖甚隆重，而
> 實則平淡也。

這段記述以當事人身分，重現了三連任的爭議。對於選
舉總統一事也表現出許多知識分子的批評，認為徒具形
式，特別是「雖甚隆重，而實則平淡也」可以品味出當
時滑稽、無奈的複雜心情。

1959 年 8 月初，因颱風過境造成中南部豪雨成
災，為二十世紀台灣最大規模的天災之一，日記中對此
提到：「本月七日台中台南一帶暴雨成災，政府及人民
已展開救災運動，因災情慘重，財產損失逾十億，死傷
在二十五萬人左右（連殃及數在內），政府正做長期計
畫，今日起禁屠八天，分署會計處同人發起募捐賑災，
余照最高數捐二百元」。時隔一週後，傳主長女即將赴
美國留學，需要繳交的保證金為 300 元，由此可知八七
水災中認捐數額絕非小數。

日記的特點在於，多數時候它是傳主個人抒發內心
情緒的平台，並非提供他人瀏覽的公開版，因此在日記
中往往能寫下當事人心中真正想法。上述兩個小例子，
顯示在政治上傳主充滿愛國情操，樂於發揮人溺己溺
的精神援助他人；但他也對徒具形式的政治大戲興趣缺
缺，甚至個人紀錄字裡行間均頗具批判意識。基於這樣
的理解，我們對於《吳墉祥在台日記》，可以進行更豐
富細緻的考察，一方面同情與理解傳主的心情；另方面
在藉由他的眼光，觀察過去所發生的大小事件。

四

　　然而必須承認的是，願意與傳主鬥智鬥力，投入時間心力的歷史研究者，並非日記最大的讀者群體。對日記感興趣者，更多是作家、編劇、文人乃至一般社會大眾，透過日記的閱讀，體驗另一個人的生命經歷，不僅開拓視野，也豐富我們的情感。確實，《吳墉祥在台日記》不單單是一位會計師、財金專家的工作紀錄簿而已，更是一位丈夫、六名子女的父親、奉公守法的好公民，以及一個「且認他鄉作故鄉」（陳寅恪詩〈憶故居〉）的旅人。藉由閱讀這份日記，令人感受到的是內斂情感、自我紀律，以及愛國熱情，這是屬於那個時代的回憶。

　　歷史的意義在於，唯有藉由認識過去，我們才得以了解現在；了解現在，才能預測未來。在諸多認識過去的方法中，能承載傳主一生精神、豐富閱歷與跌宕人生旅程的日記，是進入門檻較低而閱讀趣味極高的絕佳媒介。《吳墉祥在台日記》可以是歷史學者重新思考戰後台灣經濟發展、政治社會變遷不同面向的史料，也是能啟發小說家、劇作家們編寫創作的素材。總而言之，對閱讀歷史的熱情，並不局限於象牙塔、更非專屬於少數人，近年來大量出版的各類日記，只要願意嘗試接觸，它們將提供讀者無數關於過去的細節與經驗，足供做為將我們推向未來的原動力。

編輯凡例

一、 吳墉祥日記現存自1945年至2000年，本次出版為
    1951年以後。

二、 古字、罕用字、簡字、通同字，在不影響文意
    下，改以現行字標示。

三、 難以辨識字體或遭蟲蛀，以■表示。

四、 部分內容涉及家屬隱私，略予刪節，恕不一一
    標注。

日記照片選錄

july
monday

二日二日　星期五　雨

職務─今日係這例休，立台廠為辦私下事，雖敷休日，尚未完成。此為Mobil公司依此集團政府血合资編制以投资，款助而促進四為同，以及一切以促進政民主為同之一切協力協合任務。適正長海外學經調查果積寶信及政處之所產之活動等此進碳隨政病民患，全部向報填寫，茲記長可認經之伯答紀念採掇。這期其矢要此陸宣明1964年件區之速多界護望核兒兩終類，亞公報所可處之按制史家之1966年以多沉存敷染針事於學園，因此所将為速多任終，對好之面化蓋治力。

二日二日　星期六　雨

職務─推進續審但仍所未之Balance of Payments表稿,因與品,以有未以了了果積望核,尚數以方可得促間後,名好多方告完,故促評算收填入,因此長參因重務,生菜的第一部份事面数付之合作者慮詳有。Sycip常悅人答未对論報等對對付各為董職資訊提为之调整合镁,並中各方唯記论己五項,務通将最繁的名分组绍之佳従，此为下淆心者,之方彼所表現故,然仍一一讨論因多簧之佳慮反相表表之上数學詢,故之里放己意烏。

二月四日　星期日　雨

交際─以到石閘學民促嶺院探此同事吳幼華先生夫人病況，佐石所嘗必車住院，原宅你以行手術，因此时学必全訂所延生之其日云。

娛賞─手萬四兄之澄遐回因至歷年名拍多名沖箏，此精肉奇防華買吸唱技極困環,董業上必須技維採款;二款此至像,呈此椒主的第以芻主萬失際化骨罗乃到二之滸享受故專片連贴以之祥之以珠之味内。

二月之日　星期一　雨

職務─伯伯英化台刊之未通知仍報1969～1973之Objetivos，布另勸計所再作1968～1972 Objetivos加以追伸，美付此第于乙乃汜此之果之教学如政之任限下所1～O寨達組徒,完写可符评间，送以反布所以乃程應處之考刊作,以此本文通知工福與業跟如事似較以之志,撝試中为向此以起之二十之此为之稿乃茉赐而勒卜申備望研之面向,二以一四二以如之本至覃偪之此間,二以九如之以万佳制件以楼间之如向,阁華市行討菜,名布内亦以所好亦主業,含冬埼事否給出,佐好卸予有否把握之。

Fenospen

PEDIATRIC SURGERY
Brizio L. – « Ann. Ital. Chir. », 33, 1003, 1957.

The Author has treated 40 children hospitalized for various affections with penicillin V (Fenospen). Fenospen was used for prophylactic purpose and in the post-operative medical therapy in acute affections usually treated with penicillin G. On the basis of the clinical results, of the perfect tolerance, absence of dysvitaminosis and possibility of oral administration the Author recommends Fenospen for use in the treatment of children affections sensitive to penicillin.

july
wednesday

二月十日　星期六　陰雨

職務－上載助理會計股員因故他和為馬引得待理若干瑣故，較以年度北來以習談詞家雖各導引替人，尚時各急，室室並人可以介紹，馬若小也馬居未毒于些新任後未及說明不知里出離後生義義有為。

集會－晚至西化作者作先孫同學部茶聚會，到師友會共硯谷子同茲吳美泯各同學三千餘人，不作表惜送詞，谷氏摺詞祝物內宮淑耀作，敍山些已動舉谷氏思想狀況為一。氣微猶四十等号一心，含一序作略誤，快書也。

二月十一日　星期日　陰雨

交涉－兹歷年已送女十大，因盂到給雨通女本回形，友人高古數家作於如百南狀惑四種，絲為園天氣商像常中寄居同粒女占為果積，今以以到閣大同見窩，承遍又到丁焓界君家，以未遇，晨以到香惜梁兄家，初晤因弟兄以四時外界，敘於若枚叫圆隸眼見西又王實生三成久代收。

二月十二日　星期一　晴

職務－進行小型業務密報，研究二第一項，因昇之場如回回得汗新工作，此次以西界表，橋合耐西商石阅次合括灌業，以歇，眼表寺內隱案瑣石物有以攬護，將特西告研得史一至1964.1973 Objectives 之海損司內然學損至七有一部分依資資行程土，絗周至和义异如福老其以事觀至公絚设诗路，在四旁小逃多文的過途，馬君为摺誌一誌半祉，内宫与器之鏧及茧昇生人一筆挂一定，南內論，一两超第又因際君较予如教章祉三方以逢，故又没怎件物大内宫多差昆作物各以体借将草材以审享高的成著之。

二月十三日　星期二　開

聯絡－本地找译完如，大作二獲一月化方園思石应相評估及新规世中一如仔接登件墨名致，園名墨春，此次悉會奉作之提份裙引推迄伍惷中園重物西宫会一取久主業至中途一祉明此如 Capital Expenditure Report，因帝同化经孙在本月代史月了 Carryover 和制，但尤无基文其决借借为資者為改資資行测知，而由早月技術分散去接如丢以共大宴合资， 及发党俚依接居将物以：事物再動，兹然二損乡坦杈杈好引。動改的化二加以声创，宣为此祝急以己善专内冈萬芮给合及命分仔科第一選找以化出將用接困灰。

Steranabol

HEMORRHAGIC METROPATHY
Barbieri G., Bruno I. - «Riv. Med.», 72, 645, 1958.

In 4 cases of hemorrhagic metropathy the Authors obtained a complete subsidence of symptomatology by administering 4-chlortestosterone acetate (Steranabol) and recommend its use on the basis of the results obtained.
Steranabol was administered intramuscularly in 4 cc., equal to a dose of 40 mg. daily for 10 days.

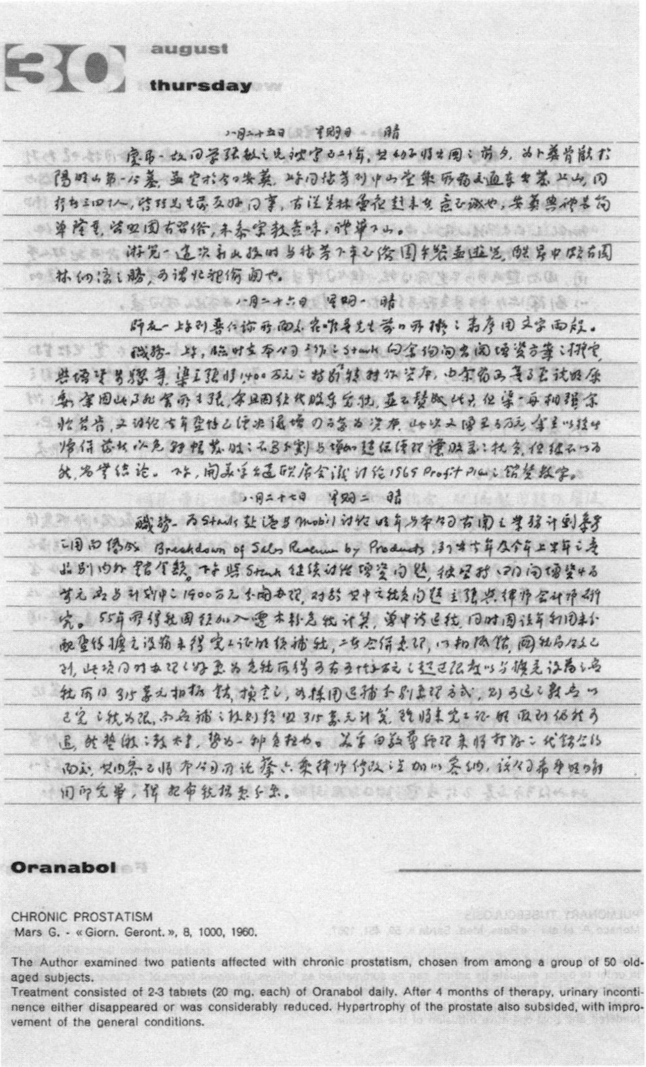
30 august
thursday

八月二十五日 星期日 晴

八月二十六日 星期一 晴

八月二十七日 星期二 晴

Oranabol

CHRONIC PROSTATISM
Mars G. - « Giorn. Geront. », 8, 1000, 1960.

The Author examined two patients affected with chronic prostatism, chosen from among a group of 50 old-aged subjects.
Treatment consisted of 2-3 tablets (20 mg. each) of Oranabol daily. After 4 months of therapy, urinary incontinence either disappeared or was considerably reduced. Hypertrophy of the prostate also subsided, with improvement of the general conditions.

8 september
saturday

九月二十九日　星期日　雨

寫作一 ⋯⋯

九月三十日　星期一　大雨

讀書一 ⋯⋯ KUSAKO ⋯⋯ language ⋯⋯

十月一日　星期二　晴

聽課一 ⋯⋯ KUSAKO ⋯⋯

十月二日　星期三　晴

讀書一 ⋯⋯ KUSAKO ⋯⋯

Steranabol

DYSTROPHY
Toniolo G., Gualandi B. - « Arch. Studio Ricambio », 22, 475, 1958.

Administration with 4-chlortestosterone acetate (Steranabol) in dystrophic children brought about an effective increase of body weight, though nutrition was maintained constant.
Average dosage: 10 mg. daily or every other day.

september

tuesday

十月一日　星期五　晴

職務－午前上班，五十五人股會等之合北條，因古中英文翻譯，以至于新系統等，若不說，故文成以鉴實新的。但其以作寄托，莟实保托，因銘堂資料極多待本事提供，故18新未對於設定二次日笔出。電帳人民Kosako10件之億步俱多以得以後依據之以帳之尾如此狀予拾窮出之連接收名的旧帳，故本之手接表。与揚公素全付作引付加连出次障堂学法3里。Stark時之丸月3 Independent Consulting Services，為以当時本台記得名僅，客此其的解容素全付的特護，並先文燭堂白甲午。

交際－孕國似大律半子子完脍，晚台秘多弘找真返於第一放点。

十月九日　星期六　晴

職務－抬宇的机帳江日作署常批趋元外錦如侯悟的年僅語法急以，計待僅必報。件依僅九国行以以这起期的帳赴年提早退美。

季親－似国征苓苓第二屆常十屆客舍，枞球12老古影急電扰。引而小宇为古今尔更厚感，古擔似如报厳之侯，为约投水兩婆水部丹已退，西栋幸拓即在出”一社，干質甓案，此皇台閚工各，諄妝収藏，二州兄如急。

报宴－到似似吾害宝勃，宝絀务多各湔合吹“鉢”，拉古支委，陸秘出之诗。

十月十日　星期日　晴

旅行－奇旬似季旅行待朝手行三天，同仁大貯不参加，用豂为程里之時差蘇花似时，表二呕中女松士岽，計同仁十大人，若冬五人，外資向人，小孩盡人，由喜浣多为承出，至五此原地侵，十三的出蒦东左，午十三咐依谷向边見雨蘇颂出此仙，非京聲扰入1日之尾，故往装山客栈，或约枞务以米峇局舍程，垂買寃果，振此野美，此客栈菩侍保，客人一百元，寇配基底拒窤入，地至海松一十九老饼尺，人氣長寉，四四静擂至厦長15山东二闚东也。

十月十一日　星期一　晴

旅行－上午小的中蒦山半依侯失蘇，到15里到大急松，此至公报實久诗属急地，海攏2565立尺寒石5舍，连報业开海2之的，56万里引天铄，中侍急思污及之诗之1900仗人，又天舞支侯，又状似诗行，待退居佳凤坒之九曲洞与蓋之皿稳胜浄诗，时依望拒卡木堂闚，侯看逗回绿参视蒦瓩大禄不之厺，玉幼约菳蓮，化结陸枴晷，木寊图力岩湃二地，但呈似清咪，舆萁出以二剆岑夙乱两堂禋以亦如也。

Tetracetina

URINARY INFECTIONS
Fornara P., Quattrin N. - «Giorn. Mal. Inf. Parass.», 7, 411, 1955.

Sulfonamide therapy is still one of the most indicated in urinary infections. For the peculiarities of infections of non-specific uropoietic conditions and especially of the chronic ones, the Authors recommend the use of the association sulfonamide-chloramphenicol.

september
saturday
29

十月二十二日　星期日　雨

　　師友。昨到宏恩醫院訪某君探視奇恙未至，但因彼已完全昏睡無從，只得辭去之時不勝感慨。

　　集習。昨到中山堂向先烈大會致祭行禮，並委員會與國民大會黨部相談，獲得新知識及新的手續。昨到宏恩醫院為國大代表與國民政府合署，致各處國大代表先行交換意見等。

　　娛樂。晚至實踐堂觀劇，由張玉等為振興國劇，觀之後覺頗：眼福，唱做均極精彩。

十月二十三日　星期一　晴

　　職務。昨於因仁海行董事收回新任保任職 streeton，並分別相談彼此間收董會，繼有分等談談，由會分第兩間相談，完於此間二用參加答復諸位庶間。左間一敘到黨會計等問題，相互廣泛處此，以上均見。

　　集會。先後大陸政府計劃完善委員會間座談會，會上各國為本參加之各意見，方彼此間協商等幾點而出各約勢其議決事項，均由譯者同意過去為也。晚才報告某先光諸同學等，並要者代光學報。

十月二十四日　星期二　晴

　　職務。宏恩間宏間仁當以某有休假為事同之，故無力的諸假甚久，但公司事務公法名於事例間孤寥之足也。高低報道酒用甚佩代其等，……見間年提其事業，尚人等粗加之，但後術內題收集思學，因投宏諸形一切間落低，預取上其此出至十六間之出，皆因勞事予誤規也。

　　集習。十月到中山堂為大陸大陸全修會議，蒙國民報共使病。

　　娛樂。晚同任某等等，會談劇，成實峽舊之情與父等等。昨在間中極為簡報代，協之回佈，並十觀劇，代戲劇由晚在某葉諸者前而之要也也，聽謝某某。

十二月二十五日　星期三　晴

　　集習。昨，昨行到宏恩會堂，國大代表各黨及宏恩致研討合全協合思念間事與聽，中菲任低主張，所隨宏則更見明，由此同心力求宏實現得完高提也。諸等行有會討論措置者，各代某，尤是某任當子上有之後而為宗重庭，諸事宗佈立要面連，發未知宏切佈引先行耳。

Farmiserina

RECENT TUBERCULOSIS
Mariani B. - «Riv. Pat. Clin. Tuberc.», 6, 1958.

The Author reports on 4 cases of recent tuberculosis never treated with chemoantibiotics and treated with cycloserine (Farmiserina). On the bases of the favorable results obtained the Author recommends cycloserine, which is now especially used in cases of chronic tuberculosis, in the attack therapy in cases of recent tuberculosis.

目　錄

總序／呂芳上 ………………………………………… I

導言／侯嘉星 ………………………………………… V

編輯凡例 ……………………………………………… XV

附圖／日記照片選錄…………………………………XVI

1968 年

1 月 …………………………………………………… 1

2 月 ………………………………………………… 17

3 月 ………………………………………………… 32

4 月 ………………………………………………… 48

5 月 ………………………………………………… 63

6 月 ………………………………………………… 78

7 月 ………………………………………………… 93

8 月 ……………………………………………… 108

9 月 ……………………………………………… 123

10 月 …………………………………………… 138

11 月 …………………………………………… 153

12 月 …………………………………………… 167

附錄 ……………………………………………… 182

吳墉祥簡要年表 ………………………………… 191

1968 年（60 歲）

1月1日　星期一　陰

元旦

　　上午，到中山堂參加中央開國紀念及團拜典禮，由蔣總統主持，並宣讀元旦文告，重點在分析大陸之反毛情勢，號召匪黨份子反省，文字極長，凡讀三刻鐘，而精神不衰，以八旬餘之老翁而能有此氣力，難能可貴也。

師友

　　下午，趙榮瑞君來送日曆，計日曆、兩月曆與記事冊各一冊，趙君每年如此。今年又有送日曆者為朱興良兄之日曆與月曆各一種、李公藩太太雙月曆數種，台達辦公室則為第一銀行銅器圖雙月曆，王慕堂兄記事冊等。

1月2日　星期二　陰雨

瑣記

　　今日繼續放假一天，在寓閒讀書刊，余每月本皆買傳記文學一冊，但平時無暇閱讀，習慣上往往利用赴高雄廠往返火車時間，每次可讀二冊，最近三個月未赴高雄，自九月份之傳記文學即未曾寓目，昨、今兩日將九至十一月份之重要文字讀完，尤其感人者有沈亦雲之上海與莫干山辦學經過，葉曙由日本回上海在抗戰時期辦理東南醫學院之經過，以及長篇杜月笙傳所寫上海收回司法權與杜氏從事金融界種種活動之經過，皆有引人入

勝之妙也。

1月3日　星期三　陰

職務

　　今日恢復辦公，上午清理若干上週未及處理之事，下午到稅捐處與國稅局人員處理過去半年之扣繳所得稅申報事宜，雖到處等候良久，但因係相識之潘君經辦，未加詳閱即一律加蓋印戳，費時只數分鐘耳。與長春及李長榮之甲醛變相聯營項下所支付之業務推廣費太多，前經以帳外收入美金一萬元兌成台幣四十萬元收入費用帳，原期負責兌換之趙總經理將台幣於年底前撥到，但未成事實，今日馬君知此情形，大為不悅，余告以銀行明日始辦公，現在催收仍不遲，在存入前即作為年底之現金存庫，亦無不可，馬君以為甚當，乃往催收，但迄晚尚無結果。

1月4日　星期四　陰晴

職務

　　審核工廠所編送之今年資本支出預算，內容與 Profit Plan 內之資本支出大致相符，但其分月預算則不能確定與工程進度是否相符，故送之工程部分簽註意見，以便作復。

參觀

　　晚，同德芳到國軍文藝中心看書法名家畫展，有作品七、八十幅，以喻仲林所畫翠竹情侶一幅，筆調細緻，題字亦精，不可多得也。

1月5日　星期五　晴
職務

　　自經營聚苯乙烯加工品以來，盤根錯節之事日多，今日與周、孔二君及工廠來公司之朱君談退換貨品記帳問題，緣換貨依規定須將重製品不作發貨，退回品回收原料，其人工與費用與原料耗損作為其他損失列帳，然因工廠未能將回收與發出二者予以對照，劃一處理，而換貨之原有 order 亦未註明，以致既不能將實損數算出，亦不能依據 order 加以計算其最後之盈虧，在困難萬狀中乃辦公函致業務處及高雄廠，請其將 order 之號數加以註明，並將回收換貨二事統一辦理，不得分散凌亂。

1月6日　星期六　晴
職務

　　上午，辦理一項假定之支出統計，緣自去年開始，休假不發代金，然有若干同仁在職務上無法將應休之假用完，馬君囑余會同總務處計算如仍照發，應折代金若干，余乃依總務處所計之日數，凡有以休假名義請假者，均作為與事假併計，事假滿止始作為休假，發現已休假之人極少，統計結果需約三萬元，工廠方面估計亦需二萬元云。

交際

　　午在復興園與林天明君請財政部閻、林、鄭三科長便餐，余詢鄭君以國稅局請示之本公司去年緩扣股東股利所得稅案，鄭君謂並未見及，然則國稅局所謂已請

示者，乃係飾詞，決定再辦公文催辦，並抄副本送財
政部云。

1月7日　星期日　雨
瑣記

　　假期有雨，不能出門，昨、今兩日將時間完全用於
閱讀，將傳記文學十二月號及一月號之重要文章讀完，
尤其為杜月笙傳，一部分寫杜祠之成立盛況，另一部分
寫一二八時期杜氏維持租界秩序與協助政府對日閥辦理
交涉之經過，極其生動。

1月8日　星期一　陰
職務

　　依例每月七日應電紐約報告上月營業結果，今日雖
因年底帳多，遲報一天，然仍能將比較確實之數字估
出，盈餘數本為八十餘萬元，另加一年來代客加工多出
之尿素原料四十七萬元，故盈餘達 130 萬元，而全年則
達 1,130 萬元，比往年之絕對數為高而純益率則低，原
因為福美林售價削去每噸一千元，全年一萬噸即達一千
萬元也。

記異

　　有人持余蓋章之認購國畫四千元小條來公司收款，
但完全不憶有此事，詢係何人介紹，亦不能言，同仁皆
謂係偽造印章，余不敢必，待明日其再來時進一步查詢
根抵。

1月9日　星期二　晴
職務

開發支票準備支付本年年終獎金，辦妥後即於下午送至第一銀行，請其轉入各帳戶，明日即可支付。為馬君開列紐約花旗銀行所存帳外款項清單，並辦函送至紐約，並以副本送此間莫比董事之 Stark。

交際

晚，參加外資單位會計人員聚餐，由馬克路易玩具公司召集，地點中央酒店。

體質

因左頰在吃飯時作痛，左上牙刷牙時有刺痛，下午到聯合門診由王作榮醫師診察，認為未必因牙病而使頰痛，但亦未能說出原因。

集會

下午到教育部出席許蓮溪同學治喪會議，決定十四日開弔，並送厝陽明山。

1月10日　星期三　晴
職務

今日發放年終獎金，仿照每月發薪方式，由銀行轉帳代發，但另有一項考績獎金係由銀行將現金支取，由余分配於領款人共九人，其中二人在高雄，由銀行匯往，七人之現款則分置封套由馬副總經理一一分送，立即取得收條，此事花費去半天時間。查帳人員建議因所買愛國公債市價甚低，如作為固定資產方可不計其現值，余則因無相當科目，認為可仍在流動資產內而在貸

方設準備科目將其價值予以降低，彼亦同意，當調查市價，只及其半，余認為不必如此極端，以三成提準備已足云。

1月11日　星期四　晴
職務

　　為 Mobil 在本公司投資利益匯回美國之權益保留問題算法究應如何，上午與趙、馬二氏討論，趙氏本以為該公司投資時乃以美金六十三萬餘元買趙氏之股分 51% 即 306 萬新台幣，須本公司資本逐增至當時 63 萬元亦即 2,550 萬新台幣（加另 49% 共為 5,000 萬新台幣）始可開始匯回，然此實毫無根據，余所算者為另一方法，即照投資時之淨值與現值之差額減除法定公積與轉增資後，始為可以匯回之數云，當即作成計算表一份備查。下午舉行小型業務會報，耗時費事，所談皆不中肯，真無當也。

1月12日　星期五　晴
職務

　　撰寫十二月份工作報告，備提二十二日之擴大會報，其中會計數字除照例將十一月份者列入外，並將今日結出之十二月份加入十一個月內，成為全年統計，列入報告之內，此為與平時報告之不同處也。今日結出之十二月份損益只淨益 80 萬元，比八日之估計少三十餘萬元，經複核估計數字，發現其中部分銷貨成本在折合美金後按七折作為成本之折合時，誤將九千餘美元寫成

九百餘美元，乃有此失，甚為懊喪，決定以後估計時另
交他人複核後始為定局。

1 月 13 日　星期六　陰
職務
　　計算五十六年本公司應付之營利事業所得稅，以加
入年度決算表中，因其中免稅項目繁多，須因銷貨量而
為區別，故算來甚為費時，又其中免稅出品之一聚苯乙
烯雖按免稅列入，而至今未奉核定，設在三月底以前不
能有結果，勢須補稅云。
家事
　　一月二十二日為姑母逝世四周年紀念，因屆時須赴
高雄，乃於今日提早與德芳前往謁墓，見墓上雖有裂
痕，然尚不至漏水，當於獻花後行禮而返。下午同紹因
到郵局領取紹南、紹中由美寄來包裹，計物件數十種，
有余之圍巾與領帶夾各一。

1 月 14 日　星期日　晴
慶弔
　　上午，到市立殯儀館弔許蓮溪同學之喪，並到陽明
山第一公墓送殯，暫厝於該公墓西舍。

參觀
　　下午，同德芳到歷史博物館看李靈伽人物畫展，所
畫以仕女為多，然不落傳統之仕女畫窠臼，而能在服裝
髮式步入現代，尤其四肢之女性美，亦以線條為適當之

表達，尤突出者則面部表情能充分表示喜怒哀樂與嬌嗔
羞怯等情緒，則為中西畫所皆欠缺者，李氏書法亦秀，
畫幅且各有定名，清雅之極。

1月15日　星期一　陰曇

職務

　　寫作去年十二月份會計報告函件，本次有特殊問題
為：（1）推銷費用超出預算，由於旅費與出口費用之增
加，（2）管理費用超出預算，由於提供愛國公債損失
準備，（3）其他收入增加，由於膠水加工節用客戶尿素
及盤存盈餘。查帳人員提出意見，主張將去年所得稅在
今年因結算降低而沖回之三十萬元，與今年所列之所得
稅歸入一帳，相沖銷列帳，但經余告以如此則今年之所
得稅只十餘萬者將成紅字餘額，不倫不類，彼亦無言而
退，所以有此現象，實因年終決算必用美式方法將所得
稅由盈餘轉出，常有鉅差也。

師友

　　星期日提取之紹南寄來郵包有送原都民小姐大衣一
件，晚與德芳往送不遇。

1月16日　星期二　晴

職務

　　編製十二月份 Capital Expenditure Report，因本月份
報告必須與年報表內之固定資產明細表內全年增加數相
符，故在編製前須校對年終累計數有無差異，結果有十
萬元左右不能相符，必係由未完工程科目以外轉入，而

過去月報表則完全以未完工程帳之借方數為來源，自難免遺漏，去年亦係如此，故即武斷將該差數列入，而將表編成寄出。為股東會寫議案中、英文各一，為有關緩扣股東所得稅之申請事宜。

1 月 17 日　星期三　晴
職務

為本月份擴大會報，又擬成二種資料，一為過去三個半年之損益分析，以表示各種損益內容之百分比為主，二為一年工作提要，計列出十二項，皆為一年來值得特別提出之工作，而只居協助地位者雖費去甚多體力亦不與焉，如分配紅利方案即是。下午舉行小組會議，討論華夏各處營業所有意代銷本公司聚苯乙烯之條件，余發言表示如在不明責任之情形兼為銷售，勢將隨意放帳而無人負責收帳，不可不慮，此意最為馬君所贊成，當決定在不致太阿倒持之原則下仍籌備自行銷售之。

1 月 18 日　星期四　晴
職務

因年度決算關係，近來事務特多，余今日填就一張年報表之保險費及收受賠償表，此表不能由帳面自然產生，而必須就若干科目多方蒐集始克將表內之五、六個數字填入也；又修正例行之 Representation letter，將其中資產用於質押者之數字按實況重填。編製一月份 payroll，因自新年度待遇調整，並加發不休假獎金，故表上數字全變，因而所得稅扣繳與退職公積金扣存數亦

與去年者大異，因此核算較費時間。公司對高雄廠由外
間收款，本係將支票郵寄來送銀行到高託收，例須三天
入帳，現因二十日發薪需款，如照習慣辦法，星期六如
不能收到，即誤工廠用途，無已，乃破例將支票寄高廠
逕收，囑將餘差匯此。

1月19日　星期五　晴陣雨

職務

由周君起草之 Annual Report 於今日脫稿，凡正副
表三十餘張，余今日開始審閱，發現若干誤填與誤解原
表填發之處，經加以改正，一面參考 Mobil 之 Manual
加以了解，隨時加以校正，尤其加以注意者為有填入文
字之處，蓋周君不甚習慣於文字也。

體質

左耳後耳前關節痛疼已十餘日，今日用餐時特別不
便，張口後不敢咬下，嚼食時不能左右交換，除服食牙
醫藥外，晚噴射撒隆巴斯一次。

1月20日　星期六　陰

職務

趕將 Annual Report 審閱完畢，即交打字小姐趕
打，今日審閱時發現三張費用明細表與損益表總數不
同，因周君誤解其用意，乃重新改編，準備於星期一打
好後寄出。

師友

下午同德芳到永和鎮訪喬修梁兄，賀其新居，並

贈掛燈一只、拖鞋二雙，其新屋雙層共 37 建坪，占地
四十坪。

1 月 21 日　星期日　陰雨
旅行

　　本公司舉行業務會報於高雄工廠，並招待眷屬參
觀，余與德芳於上午九時搭觀光號火車起程前往，預定
行程為於下午二時抵達新營時，下車赴珊瑚潭游覽，且
有貝聿燾君夫婦同行，乃於下午二時到新營時，尋覓計
程車數部皆不肯往，而肯往者又只允單程，彼亦不說明
另有客運汽車，迨無法可想而往尋或有客運汽車時，已
遷延甚久，無法在三小時內往返，於是變更計劃，在冷
飲店盤桓至五時再登觀光號，六時到達高雄，住於公司
預定之克林飯店。

1 月 22 日　星期一　晴
集會

　　本公司一月份擴大業務會報今日舉行，上午九時開
始，由工廠各單位及公司各單位分別對去年全年工作提
要報告，余提出財務、會計兩大部分，共四類八項，報
告畢，主席馬副總經理對本處特表示 compliments，謂
為錯誤最少之單位；下午又繼續開會，從事討論提案，
四時半散會，五時各來高眷屬亦來公司參觀，並抽紀念
獎品，旋即聚餐，計十六席，員工皆出席，頗極一時之
盛，八時開始晚會，請陸戰隊康樂隊表演，節目極為緊
湊而精彩，且以舞蹈為多，以歌詠為少，頗有一新耳目

之感，今日全日節目均由工廠同仁安排，以準備充分，
表現井然有序，皆大歡喜，乃一極成功之舉措也。

1月23日　星期二　晴

職務

上午，到公司與各有關部門接洽公務，尤以業務處
與高雄廠之間涉及本處之事為多，另外則為廠內會計課
各種有關事務，凡半日始略有端倪。中午，公司來高
同仁與廠內此次籌開會報重要人員聚餐慶功，極有振
奮氣象。

旅行

晨七時十五分到車站送德芳先回台北，余則於下午
四時三刻乘觀光號火車言旋，同行者吳幼梅夫婦、貝聿
燾太太及丁川、王昱子兩女士，十時三刻到達。

1月24日　星期三　晴

職務

上午，到公司辦公，除例行事務外，為複核在余赴
高雄開會期間由周君會同打字人員辦理之年報表，見表
已打好發出，然錯誤甚多，細者不論矣，較重要者為一
張製造費用表之註腳，聲明製造費用總數與銷貨成本內
之製造費用不能一致之原因而未能打全，只有半句，乃
亟加更正焉。

體質

左下齒之 cement filling 脫去，下午到聯合門診由閻
醫師為補填，並因左耳前關節痛疼始終未愈，謂有蛀

牙，可能影響關節，為余照 X 光片，而日後續診。

1 月 25 日　星期四　晴
職務

　　因數日來正常工作未遑照料，故須趕辦之事甚多，另有趙總經理之 Chamly Corp. 之股票帳目，續接香港紐約之資料日多，亦應加以整理，而上週之 Mobil Co. 之 Treasurer McLean 曾提出之代作 Cap Wrap 由紐約付款至台灣除應用 L/C 方式，有無其他方式應早作答復，乃將其他方法三項辦函紐約以作答復，如此等事幾乎費去一日時間。下午舉行小型會報，討論在廢曆年前有無必須趕辦之事，其中有關會計者余提出應於二月三日到期之 Mobil 所保 51% 之交通銀行貸款，擬延合作金庫擔保其餘 49% 云。

1 月 26 日　星期五　晴
職務

　　為顧慮交通銀行美金貸款案內之 Mobil 擔保部分在繼續延展時只就現付額 51% 為之，上午起草致合作金庫函，請擔任 49% 之擔保，但脫稿後發現交通銀行已接續展電報，金額依舊，如此已不需要再就地增加保證，原稿作廢，另辦一函致交行聲明 Mobil 保證已足，合庫可不再需要云。編製第四季產銷表送開發公司。
師友

　　訪朱興良兄，贈糖果、餅乾，渠昨晚曾來贈罐頭數種。

體質

　　下午到聯合門診看牙，前日 X 光片左下牙無蛀牙現象，醫師認非由於牙病致關節痛疼，經再配藥片一劑九粒，看服後三天情形如何。訪隋玠夫兄交第七篇譯文。

1月27日　星期六　晴

職務

　　舊曆年關將近，若干未辦事項應從事清理，其一為 Authorization for Expenditure，自新年度開始，工廠方面已有資本支出之支用，但 AFE 尚未簽定，原因為超出美金二千元者須趙總經理簽字，今日已補簽完畢，當送工廠，其二為一延再延之公司增資登記，由於端木愷律師所接洽之 Mobil 盈餘匯回權益保留問題未決，董事 Stark 初欲延宕，及知不可，近始決定送出，然 Stark 須將中文文件一一看過譯本，今日又將所早已編就之 8 月 30 日與 8 月 31 日之試算表與資產負債表譯成英文送會。

1月28日　星期日　陰雨

參觀

　　下午，同德芳到婦聯會台北市支會參觀水仙花展，據云係福建專家所提供，頗多奇趣，尤其有放置水中鬚根向上葉梗彎而向上作環狀者為然，又展出插花數盆，亦均有新意。

瑣記

假期無事，但德芳與諸兒女則忙於準備過舊曆年，上午同德芳到菜市買菜，人眾擁擠，雖雨中不減色也。

1 月 29 日　星期一　晴

職務

舊曆年終頭寸甚充裕，本欲還高雄交通銀行一百萬元，後因電話中知一個月前向該行所存之一個月定期存款 152 萬元可以於滿期提充還款之用，故中止匯撥。此外余又將最近之本月份高雄廠發薪表加以校對，發現有二人未按新調整之本年待遇額發放，不解原因，經即去函查詢。

交際

本公司與華夏等聯繫公司等九家在公賣局大禮堂舉行聚餐，並有各同仁擔任之餘興節目，其中以二人之方言相聲最為精彩。

1 月 30 日　星期二　陰

交際

今日春節，晨起先到公司參加十公司聯合團拜，然後出發拜年，所到各處為樓有鍾、張中寧、佟志伸，然後參加會賓樓山東同鄉團拜，散後再出發各處，計到黃德馨、廖國庥、金鏡人、王文甲、楊紹億、余井塘、樓企任、林石濤、姚冠午等處。今日來拜年之友人有王一臨、黃德馨、于政長、李華剛、李華強、佟志伸、李德修、李德乾夫人、戴慶華夫婦、王德垕、冷剛鋒、李德

民夫婦、童綷、張彤、曹璞山、楊紹億、姚冠午夫婦、
林石濤夫婦等。今日未如往年雇用三輪車，僅於臨時安
排，或計程汽車，或公共汽車，或步行。

1月31日　星期三　陰
交際

　　上午，同德芳出發拜年，計先到大坪林劉振東先生
處，又到溝子口李德民夫婦處、新店崔唯吾先生家、杭
州南路戴慶華夫婦，再到馬麗珊、佟志伸、樓有鍾等
處。下午余出發答拜冷剛鋒、王德垕及趙榮瑞。今日來
拜年者有樓有鍾夫婦、趙榮瑞、周靖波、馬麗珊夫婦、
丁暄曾夫婦、童世芬夫婦。又與德芳回拜李德修原都民
夫婦。今年拜年採更嚴格之答拜原則，蓋因余等已近
六十，大可不必主動拜年，但對於先來者仍不宜不往答
拜也。

2月1日　星期四　雨
交際

今日繼續休假一日，冒雨出發答拜新年，先與德芳到板橋童世芬兄家，歸後余單獨出發，所至為王一臨、廖國庥、曹璞山、孔繁炘諸家，至此已大體告一段落。今年另有以卡片賀年者為蘇景泉兄，以卡片答拜者為劉振東先生及其師母。今年拜年已顯著減少，原因之一為每年余皆於初一上午乘三輪車按預定路線行一大圈，今年三輪車不甚適用且難以雇到，只以機動方式出行，第一天所到不多，次日即以答拜為主，從而友人中之亦以答拜為主者雙方可以互免矣。

2月2日　星期五　雨
職務

今日恢復辦公，立有頗為棘手之事，推敲終日，尚未完成，此即 Mobil 公司依照美國政府通令緊縮對外投資，鼓勵所得匯回美國，以及一切以保衛美元為要圖之一切海外商業活動，通函其海外單位調查累積盈餘及其匯出所受之限制等項，從速填復以便向政府報告，余今日開始填寫，發現其所設想者仍有觀念模糊之處，例如其要求填寫自 1964 年終起之逐年累積盈餘帳面餘額，並分配時所受之限制，其實在 1966 年以前之各年底資料等於無用，因其所採為逐年餘額，新的可取代舊的也。

2月3日　星期六　雨
職務

　　繼續填寫紐約所來之 Balance of Payments 表格，因涉及四年來之公司累積盈餘，其數均有所得稅關係，不能立即肯定，故須詳算後填入，因而甚費周章焉。出發到第一銀行、華南銀行及合作金庫拜年。Sycip 查帳人員來討論彼等對於去年底查帳準備提出之調整分錄，其中有為純理論之事項，雖道理甚確而不合紐約之傳統者，亦有只涉小節，不必故作更張者，均經一一討論，因與資產負債表及損益表之大數無涉，故不堅持己意焉。

2月4日　星期日　雨
交際

　　上午到石牌榮民總醫院探望同事吳幼梅兄之太夫人病況，據云折骨後即住院，原定昨日行手術，因臨時無合金釘而延展至明日云。
體質

　　牙齒日見不濟，連日因舊曆年食物多為油葷，如雞肉、香腸等等，咀嚼極感困難，素菜亦必須極嫩極軟之品類如豆腐、豆乾、嫩豆、白菜心、筍子等，其纖維較多者則又不濟事，更加鼻官通暢之時極少，亦極乏味也。

2月5日　星期一　雨
職務

　　紐約莫比公司又來通知編製 1969-1973 之 Objectives，

亦即就去年所作之 1968-1972 Objectives 加以延伸，並
修改若干已可認為不妥之數字，此項文件限下月十一日
寄達紐約，余今日於詳閱一過之後，即分列日程及各主
管部分之工作，辦文通知工務與業務兩部分依期交卷，
擬議中為自明日起至二十日止為工務與業務兩部分準備
資料之期間，二十一日至二十七日為本處彙編之期間，
二十八日至五日為總副經理核閱之期間，閱畢即行封
發，至於內容之由何部分主管，余亦按章節指出，使各
部分有所根據云。

2月6日　星期二　雨
職務

　　舉行小型業務會報，大部分時間討論 Polystyrene
之收回自銷問題，馬君與業務部分發生嚴重之爭執，但
仍無結論，余則報告春節後工作，一為紐約通知填製
Balance of Payments Program 之表格，可能將來對 Mobil
在本公司之投資政策有所影響，二為紐約通知編製
1969-1973 之 Objectives，刻已通知工務、業務兩處準備
資料，馬君之意此一程序應再縮短云。

交際

　　晚，參加外資單位財務會計人員聚餐，由西諦電子
公司鄭君作東。

2月7日　星期三　雨
職務

　　今日為定期電報上月損益預估之日，雖因春節記帳

較遲，然仍能如期計算發出電報，余估計一月盈餘為
51萬元，比預算為高，原因為財務費用較預期為低。
工廠助理會計顧嗣惠君求去，將到一家電子公司任會計
主任，今日由馬君與余及工廠會計課長朱慶衍君商談，
余與朱君皆認為不必挽留，因其新職名義較好，且待遇
超出其現薪三千元，雖勉強留任，亦必不可久，馬君之
意為恐不易應付同樣情形者，商談無結論，馬君決定明
日赴工廠再與袁廠長討論，並囑顧君先行回廠，但晚間
顧君來電話不欲回廠，余勸其勿走極端，並希與馬君直
通電話接洽云。

2月8日　星期四　雨陰

職務

趙總經理設有一證券買賣單位，在美投資於股票，
數年來係委託香港王君經理其事，所存證券數目略增，
但極有限，不若付出代理費用之多，於是乃決定於年底
通知經辦者暫停買賣，以待決定進一步辦法，今日年
底之表報均已寄到，余方為之開始核對，首先將王君所
開之存券與現金表與紐約花旗銀行之存券與現金表相核
對，即有若干不符之處，除現金或因有未達帳關係，
須待一月初證券交割始能調節核對外，其存券部分在
理論上不應有異，故先將差額開出，然後再進一步逐
一分析云。

2 月 9 日　星期五　雨
職務

　　寫作一月份工作報告，將提至下星期五之二月份會報，一月份財務事項特多，會計事項相形反少，乃與各月情形不同之處。下午開第一次會議，討論紐約通知草擬之 1969-1973 Objectives，此中最吃重者為業務部分，經會中一致將該部分內容與作法向吳幼梅經理建議，並決定下星期一續開二次會議，並初步決定於半個月內初步完成之。

2 月 10 日　星期六　陰雨
職務

　　工廠助理會計顧君因欲他就，與馬副總經理甚不愉快，彼已再度北來，以電話詢余能否尋到替人，其情甚急，余實無人可以介紹，只告以由馬君負責，望與新任職之公司說明不能旦夕離職之苦衷可也云。
集會

　　晚在交通銀行舉行黨校同學新春餐會，到師長余井塘、谷正綱、方東美三氏，與同學三十餘人，三師長皆致詞，谷氏措詞親切而富激發性，聽者無不動容，谷氏思想始終如一，氣概猶四十年如一日，今日一席話勝讀十年書也。

2 月 11 日　星期日　陰雨
交際

　　舊曆年已過去十二天，因連朝陰雨，遲遲未回拜之

友人尚有數家，經於今日冒雨出發回拜，德芳因天氣關係其中有應同往者亦未果行，今日計到周天固兄家，未遇，又到丁暄曾君家，亦未遇，最後到喬修梁兄家，未遇，因喬兄來時曾贈水果，故於前往時回贈糕點，交其在客室之戚友代收。

2月12日　星期一　陰

職務

　　舉行小型業務會報，討論二案，一為聚苯乙烯收回自銷之準備工作，此中細節甚多，與會計方面有關者包括發票、收款、報表等問題，余皆有初步之擬議，尚待進一步研商，其二為 1969-1973 Objectives 之編擬問題，業務處已有一部分銷貨資料提出，但因主辦之吳幼梅君對此事缺乏全盤之了解，故所費心思多不能適應，馬君乃擬議一項辦法，由余與翟元堃及吳君三人集於一室，一面討論，一面起草，又因翟君須今日赴高雄，三日後返，故又決定此兩天由余與吳君作初步之準備，待星期四再集商如何動筆云。

2月13日　星期二　晴

職務

　　今日忙碌竟日，大體上將一月份有關報表及解釋信函辦就，其中一為一月份損益計算各表，周君製表，此次與余所作之預估相去極近，但其中因素有非完全一致者，在書函中逐一說明，二為 Capital Expenditure Report，自本月份起含有本月份與 1967 Carryover 兩部

分，但製表前之先決條件為資本支出預算雖已辦就，而其中分月核准與分月支出數兩者則尚未完全算出，乃先督促總務處將公司之部分辦就，並請工程部分將較大計劃之動支月份亦加以籌劃，余為每月製表時不必多所計算，乃綜合各部分資料製一總表，以後可按月採用矣。

2 月 14 日　星期三　晴下午雨
職務

填寫外貿會發下之工廠調查表，此為一年一度之工作，如不照辦即受停止結匯之處分，此表之數字因多數可由帳上獲得，故無特殊困難，惟出口資料須等候採購組提供云。因股東之 1966 年分配股利緩扣綜合所得稅一案至今尚無結果，而依獎勵投資條例規定緩扣條件之一為分期支付款項之滿期及股東會之決議，余因還款已滿，而股東會尚無決議，故草決議一件，中英對照，交董會秘書吳幼梅先列入股東會記錄，彼送律師推敲文字，改為非驢非馬，余函為改回原文，而馬君又故意挑剔，余因之又對純文字方面加以斟酌交吳兄列入。

2 月 15 日　星期四　陰
職務

與翟、吳、周、潘諸君會同草擬 1969-1973 Objectives，先對於吳君所擬之五年間福美林聚苯乙烯與電木粉銷貨量與價值加以審閱，並予以修正，又決定去年所先作之第一階段工作 Assumptions 予以省略，由 Phase II 開始，並儘速將三種產品以外資料備齊。

體質

　　左下後部臼齒已只餘一半須加鑲補者，自上星期四第一次補後，今日往聯合門診中心補第二次，謂用銀粉，但補後極酸痛且畏冷熱，據云酸痛可漸漸痊愈，余以前補牙無此特別經驗，故不敢斷言後果將為如何也。

2月16日　星期五　雨
職務

　　開始編製二月份薪俸表，由於一月份提高待遇後同時有不休假獎金併入加發，故一月份並非每月相同之所得稅扣繳額，此一扣繳額應自本月份起始克規律，現在已經算好，下月起即可略微省事矣。下午舉行業務會報，由於近數月來幾乎每週舉行小型會報，故今日開會研討之問題較少，歷時不過三小時即竟，余在會報中口頭提出一問題即去年之資本支出如尚未支用完畢者，務應於三月底以前支用，而去年之 Capital Expenditure Carryovers 月報表亦預定編至三月份為止云。

2月17日　星期六　雨
職務

　　因工廠會計佐理人員顧嗣惠君之決定離職，刻正從事甄選接替人員，現有顧君介紹之一員已在工廠與袁廠長談話，現又有王紹堉局長介紹一員，今日由余與袁廠長談話，尚有周君介紹一員刻在屏東，將由袁廠長回廠談話云。公司增資登記因 Stark 仍在推敲 Mobil 之盈餘匯回問題而未送出，吳幼梅秘書約余往與趙總經理提出

緊急建議，請其早與 Stark 接洽，如再拖延，則因而發
生稅賦之時效問題將由彼負責云。

2 月 18 日　星期日　雨
交際

　　德芳之業師王壽康先生今日七十華誕，其接近友好
在師範大學為集會祝嘏，所收禮金用於語文獎學金，極
有意義，余與德芳往賀，並送禮金二百元，但會場布置
似不甚合用，例如將茶點水果置於屋側，另有課室座位
置於屋之中央，實非饗客之道，意者其若干青年學生之
所為，未經年長者細加思考也。

2 月 19 日　星期一　雨
職務

　　到花旗銀行接洽有關業務，一為前天孔君前往該行
辦理出口押匯兩筆，該行竟將本公司之進口器材貸款扣
還一部分，此項貸款本係應以外貿會核准之外匯歸還，
今該行移花接木，恐影響外匯規定，故請其改為扣還外
銷貸款，二為今年之貸款一般額度，本公司原希望將外
銷貸款之額度增為五百萬元，但該行又將器材貸款併入
計算，致所餘無幾，乃請其加以更正，其萬副理已允照
辦，但須待其經理回台後核准云。馬君轉告余以趙董事
長希望余繼吳幼梅兄兼任董事會秘書，余因董事會人多
口雜，不願捲入，故一再表示不肯，最後讓步至與吳兄
共同擔任，尚無成議。

師友

馬君託為台灣地毯公司物色會計主任，余問李德民兄有意與否，彼晚間來訪，表示有意，但於詢悉其於三年後可在電力公司退休得二十四、五萬元，當不勸其更張云。

2月20日　星期二　雨

職務

舉行小型業務會報，討論主題為 1969-1973 Objectives 內之電木粉銷量問題，此事應否以擴充生產為目標，見仁見智，迄無結論，今日上午曾在討論 Objectives 之小組會上決定不再擴充，但提出於小型會報時又有歧見，結果乃又決定以擴充為目標，余則提出意見，請早作結論，勿再變動，以便早日下手編製。關於昨談之董事會秘書問題，余今日對現在秘書吳幼梅聲明立場，認為無法應付不識輕重之董事與律師，故已謝絕不就；下午馬君又提此事，余仍持冷淡態度。

2月21日　星期三　晴下午雨

職務

因 23 日須付進口 styrene monomer 原料款三百九十餘萬元，乃到花旗銀行接洽借款，據主辦之莊君云，外銷貸款本已核定 500 萬元台幣，但因前日所談之應將器材貸款除外一節尚待其經理批准，故此次只可先用 100 萬元，乃決定再借貼現 190 萬元，至於不足之一百萬元則將由庫存內支付半數，另向交通銀行動支 50 萬元。

上午與宋作楠會計師事務所人員討論其 1967 查帳報告草稿，只有文字上之小問題，故在和諧空氣中完成之。

2 月 22 日　星期四　雨
職務

因明日須付料款三百九十萬元，今日欲將貼現用之本票一百八十萬元及外銷貸款一百萬元之借據式本票送至花旗銀行交之莊君，請將該款之借用手續早加處理，俾明日即行開出支票交換。本公司之查帳工作自昨日會商後本已告一段落，今日有一最後工作即依據查帳人員之起草 Representation letter 打出，送之該事務所，在打成校對時發現其中有原未發現之錯誤，即去年終所借交通銀行 152 萬元開一存單交該行作為該行保稅之押品，原稿誤為以存單為透支押品，經改為提供該行作為保稅押品，始符事實。

2 月 23 日　星期五　陰
職務

到花旗銀行洽借外銷貸款一百萬元，又本票貼現一百八十餘萬元，隨即送台灣省合作金庫，時為十時半，第一次交換方截止，隨臨時加入，因本公司今日須付台灣銀行國外來託收票據 389 萬元，自有僅一百萬元，故須一面開出合庫支票，一面補進頭寸也，此交換時間為整理開始時間，正式交換則在十一時半云。
交際

晚，應慕華公司 Stark 邀在圓山晚飯，首座為甫由

紐約來此視察之 S. H. Samson，作陪者尚有慕華鄧、馮、
何三君，美孚白、徐二經理，及本公司葛、吳二君等。

2月24日　星期六　陰
職務
　　上午續行討論 1969-1973 Objectives 之編製，已將銷
貨之數字完全估定，其中又加入新產品為 High Impact
Polystyrene，銷貨數字完全由工程部門估計，業務部分
無意見，而資本支出需七十萬美金，大部分列在今年，
又與今年已核定之 Profit Plan 不合，詢工程部分以詳
情，彼又云詳細資料乃倪致平顧問所擬，此一事顯然有
脫節之處，此外則舊 Objectives 內之 Plastics Coatings 又
取消，而 Cap Wrap 雖已在做，然仍不列數，因無把握
也，綜觀業務情況，似有前途茫茫之感。
交際
　　中午，參加靳鶴聲七十生日宴，其請柬為歡迎文字
祝賀與現金用於印行數種佛經，賓客甚盛，立軸有三十
餘件。

2月25日　星期日　陰
師友
　　下午，張中寧兄約看電影，事後余約其至金碧園晚
飯，所談皆瑣事。
娛樂
　　下午看電影田野淚（Hurry Sundown），珍芳達等
主演，寫白黑偏見之遺毒，提倡平等自由之情操，劇力

極有份量，演員亦老練沉著，至於色彩之調和，音樂之
悠揚，猶其餘事也。

2 月 26 日　星期一　陰雨

職務

　　為 Mobil 在本公司所得之盈餘應如何計算匯回問
題，今日將計算方法重新審閱，並重打送 Stark，該一
表格在編製時雖費時甚多，然當時極為明白清楚，今日
重閱反覺有若干處不能明白，何以頭腦如此遲鈍，真百
思不解也。

省克

　　余今日忽受一種啟發，對宗教之存在價值直覺的認
極偉大，蓋人如為上帝創造，但永無完人存在，其初衷
即為使人不能離上帝而存在，人唯有在確信有上帝為
人之褓姆之狀態，或始能去心中之賊而在紛擾中略有
平安歟？

2 月 27 日　星期二　雨

職務

　　不久前曾為 Mobil 公司在本公司之盈餘匯出計算方
式製成一表，以該公司投資之年 1964 起至 1966 年底
止，算其淨值之增加情形，將其所增部分認為孳息而
可以申請保留匯回權利，今日趙總經理又謂 Mobil 公司
曾有意放棄其 1965 年底以前之盈餘匯回權利，故囑再
以 1965 年之淨值為準，而計算至 1966 年底可以有若干
匯回，余今日加以計算，竟得負數，蓋盈餘雖有三百餘

萬，但作為公積金與增加資本部分不能匯出，其數竟超出也，此一算法余初無自信，但道理上又不能發現錯誤，故仍將表填製完成。

2月28日　星期三　晴
職務

　　今日幾乎完全為股東會及董事會工作，首先對於趙總經理所要之莫比公司盈餘匯回一節之表加以完稿，並加解釋，然後又查核其所要去年公司增資登記時經濟部令之匯回限期，隨即趕寫一項 1966 年春分配盈餘案內有關緩扣股東綜合所得稅一項節略，備十一時與 Stark 與 Samson 面談此一案必須提由股東會作成決議之原因，於是前往慕華公司與二人會商，二人對於該年分配盈餘之所得稅與特別公積金等問題認為千頭萬緒，直談至下午四時始在保留狀態下停止，余直為之精疲力竭矣。

2月29日　星期四　晴
職務

　　因紐約之 S. H. Samson 來洽公司會計事務而擾攘經日，摘要如下：（1）寫 1966 年純益增資與緩扣股東綜合所得稅案之現況；（2）與馬君及潘小姐商談本年資本支出在紐約限制為 20 萬美金之支配情形，加入去年 carryover 而統一支配，移花接木而不影響每日之報表 AFE 數；（3）開小組會與兩律師及 Samson 與 Stark 等審閱程寶嘉會計師所備之公司增資變更登記文件，兩律

師對於吹毛求疵均儘為之；（4）Samson 忽不知去年一年本公司用 Direct costing 計算成本係根據紐約之格式所為者，咄咄怪事。

3月1日　星期五　陰
職務

　　繼續為會計問題所困擾，今日與 Samson 及查帳人員 Perez 及蕭君討論因去年採行 Direct Costing 並非 Mobil 本意，而商量該查帳人員報告之措詞方式，蓋此項誤解固為本公司之過，而每月用此方式製表送紐約，紐約未加注意，亦有責任，故 Samson 始而要求 Perez 刪去此段文字，但未獲允，乃決定改在附註約略指出，而本公司則自本次月報表起恢復舊有制度，又為 Samson 製 Inventories 與 Salaries & Wages 兩 Breakdown，又為之將歷年 Surplus 與分配製成一項分析表。又決定資本支出流用去年 Carryover 之方式，詢以 Carryover 有無清結限期，彼謂並無，縱一年亦無不可云。

3月2日　星期六　陰雨
職務

　　上午為 Samson 繼續準備資料，大部分已經完成，但不知有無新問題，宋作楠事務所之蕭君來以查帳報告外之 Letter of Recommendation 來作協調，其中有為複述上年事項者，余皆予以接受，多半為瑣碎事項，無關大體，又提及 Direct Costing 問題，索閱前年 Mobil 改定損益表格式時之文件，余告以本公司固有誤解，然每月送 Mobil 之銷貨成本明細表內所用算法十分明顯，Mobil 一年來從未發現，故 Samson 為顏面計，不希望該查帳報告內涉及太多云，談後又覺深淺不宜，爽然若失。

交際

　　晚在會賓樓參加于永之兄三子濟長之結婚典禮,新娘為李朝棟女。

3月3日　星期日　晴
家事

　　下午十三時接紹南、紹中由華盛頓來隔洋電話,美國時間為昨日午夜十二時,二人事先曾來信預告,屆時由余先與紹南說話,以次德芳、紹寧、紹因、紹彭,隨即反上序與紹中說話,甚為清晰,余最後又與紹南說話一次,綜合對二人所說約有下列數點:(1)家中經濟安定,望不必過於節約;(2)此間物價甚低,衣物請儘量由此購寄;(3)遇事應有決斷,勿多遲延;(4)華府中國友人及台灣友人皆宜保持不斷之聯繫。

3月4日　星期一　晴
職務

　　繼續與紐約來此之 Samson 商討會計問題,(1)日前余所提出之累積盈餘計算表內將法定公積按百分之十由 1966 年純益內提出,但因次年以高估所得稅併入盈餘,此數曾增列法定公積,故彼以為應予減除計算,此點頗難看到;(2)工程部分所列新 1968 資本支出預算,係熔去年 Carryover 於一爐,然詳細內容只列表自用,而以總數列表送紐約,渠已核可,此事因有須於今年發 Carryover AFE 之必要,故頗複雜曲折云。

3月5日　星期二　晴

職務

　　本公司自與美國發生資本關係後，紙面工作特多，現在已屬月初，須趕辦月報表，但 1969-1973 Objectives 亦須於本月十一日寄達紐約，故須雙管齊下，尤其 Objectives 內之 Capital & Investment Program，一改再改，而其中又有一 High Impact Polystyrene 之計劃，係由倪致平顧問所擬，所計成本亦另有其見地，經工程處一再研究乃調整應用，如此皆特殊困難之處也。

交際

　　晚，宴請查帳人員蕭、陳、吳、林四君，由孔、周二君作陪，以資聯歡。

3月6日　星期三　晴

職務

　　1969-1973 Objectives 在計算中又生困難，即電木粉成本超出售價，聚苯乙烯外銷亦成本超出售價，下午開會商討，決定將電木粉銷貨價格略予提高，又將聚苯乙烯之成本價略予降低，待馬君作最後決定。Samson 對於今年資本支出之應送紐約 AFE 主張儘量分散金額，避免送紐約會簽，故將原送紐約之今年工廠 AFE 超出美金五千元者只有第一號認為可以簽回，第二號則為 PSF 用模，主予以打散，故不帶去云（彼今日赴東京轉美）。

交際

　　外資單位會計人員聚餐，此次由 Admiral 電子公司

蔡君召集。

3 月 7 日　星期四　晴
職務

　　今日如期為二月份之盈餘預估，並以電報致送紐約，由於利息費用減低，並新工程開辦費尚未支用，故預算之本略有虧損者，轉為尚有盈餘，比二月相差無幾，又本月預估與上月有異之處為：（1）本月起仍然恢復概括成本方式，將固定費用加入單價，故銷貨成本必將為之降低，為免不易估計，乃將此項固定費用打九折計入，而仍用一月份成本單價作為預估之標準；（2）部分外銷產品開始用保稅原料，故每月預估之退稅收入改按此項外銷品以外之產品計列。

3 月 8 日　星期五　陰
職務

　　董事會又討論增資事宜，查詢未分配盈餘總數，似有整個增作資本不惜納稅之意。與馬君商談 Objectives 內之將來五年電木粉售價及聚苯乙烯售價與成本，以便合理列入，彼完全以意為之，將售價與成本主觀擬定，以求有盈餘可以計出。整理各種之 Authorization for Expenditure 帳，使 1968 與 1967 Carryover 可以劃分清楚。訪吳崇泉兄探詢如辦理所得稅申報與查帳可否照辦，經初步決定按公費之中等數計算。

3月9日 星期六 晴

職務

擾攘數日之資本支出預算與 AFE 問題今日加以整理，分別通知高雄廠辦理，高廠之部分預算在經費預算內分成 1967 Carryover 與 1968 Project 兩部分，乃將全預算中屬廠之預算按其原訂預算順序列成一表，先 1967 後 1968，一一列出，俾工廠得以重行編計預算，以作開發 AFE 之依據，此項安排用公函詳告工廠，並將留底存卷以備以後查考之用。在此次分析預算與改編 AFE 號數之同時，將二月費支出亦整理就緒，乃編成二月份之資本支出報告表，計 1968 一份，又 1967 Carryover 一份。

師友

下午佟志伸兄來訪，託函紹南、紹中探詢其次女中文系畢業有無獎學金可請。

3月10日 星期日 晴

集會

全日在實踐堂參加中國租稅研究會與藍色申報協進會辦理之所得稅講習，凡所報告者了無新意，但有綜合性之討論，係就參加人事先所送問題逐一解答，尚有內容，其中有余所提一則，即希望國稅局對合法之申報展期申請勿遽予駁回，由國稅局侯科長答復，認為期限已長，非萬不得已，不希望延長，但若有萬不得已之原因，該局亦非不可考慮云。

3 月 11 日　星期一　晴
職務

　　董事會秘書吳幼梅因赴南部出差，其董事會所辦公司變更登記事宜暫時託余代辦，今日為各項文件集齊之期，下午程寶嘉會計師事務所派藍芬來此蓋印，由余協助辦理，其中並有外籍董事之授權書與聲明書等項，原本只有一份，乃徇其請而複印多份，整理就緒後，即交總務處分送各董監事簽蓋，希望一兩天內能有眉目。例行事務占去其餘時間，其中有一事甚特殊者，即上月份成本估計，余本估為 440 萬元，今日傳票實際只有 420 萬元，原因為上月存貨為 direct costing 之產物，移動平均至本月份即使成本單價高於上月而仍低於本月，此情形在存貨愈多之項目其差異當愈大也。

3 月 12 日　星期二　晴
職務

　　上午寫作二月份工作報告，備提十六日之業務會報。代吳幼梅秘書處理公司變更登記事宜，今日申請書送馬副總經理簽字，彼又主張全部附件從新校對一次，余乃與胡小姐重校，並無錯誤，馬始簽字，並囑余親送 Stark 簽字，余殊不悅，告以下午事多，彼云明日亦可，此人處事往往只從一面著想，渠今日又對吳幼梅準備資料不全而不滿，電話高雄囑其明日北返，其處事輕率，往往如此。

3月13日　星期三　晴
職務

　　代吳幼梅秘書處理公司變更登記事，今日持件到慕華訪 Stark 請簽字，此人仔細過度，見申請書之附件尚未全部裝成一冊，囑必須全部裝好，彼始簽字，於是乃臨時加裝，至中午始簽字完畢。寫作二月份會計報表之送紐約信函，完全依照 Samson 在此所提之要點重新部署所含資料，信之內容較繁，而所送之表則減為二張。

交際

　　下午五時半，朱佛定氏在新生社作八十壽，余事先應徵送一短箋，題「下壽八十」四字，並附誌文，臨時又送壽份一百元，晚飯時有游藝節目，尚好。

3月14日　星期四　晴
職務

　　昨日國稅局曾派員來公司調查 54 年盈餘分派案內本公司代股東緩扣綜合所得稅複查案之經過，余將內容稍加說明，允於兩日內準備資料，今日乃就文卷所載之資料加以整理，寫作明細表一件，將各項長期貸款之歸還經過逐一將年份與金額加以分析編列，逐一加註，使其得以一目了然，本案內容甚為複雜，幸余平時有所準備，故扼要列舉並不費力也。

3月15日　星期五　晴
職務

　　開始準備本月份薪俸表，因二十日發薪前或為假

日，或有他事，恐屆時不及也。1969-1973 Objectives
表冊部分前已製就，今日翟君又將 Goals 部分之文字寫
就，余乃加以剪裁，排成小節，交打字小姐打字。56
年營利事業所得稅藍色申報定期為本月底，但因股東會
尚未召開，決算表之承認手續與盈餘分配轉作機器設備
案無從根據，不能如期甚明，乃準備一項申請延期之公
文，謂因轉增資有待美國股東之公司核可始能召集股東
會予以議決，而股東會又須於一個月前通知，現在尚未
定期，自不能如期或甚至在四月辦理申報，故請求延展
至五月十五日云。

3 月 16 日　星期六　晴
職務

上午舉行本月業務會議，至下午三時始竟，余於書
面報告外，並提出口頭報告，計有二事，其一為 1969-
1973 Objectives 於今日完成，寄送紐約，此項文件為應
於十一日送出者，但因編製費時，故有遲延，其次為本
次藍色申報，由於公司變更登記送出較遲，泡沫聚苯
乙烯延期完成與聚苯乙烯五年免稅案尚未核准，故不
能如期於本月底送出，希望國稅局能核准延期至五月
十五日云。

交際

中午參加國大代表歡宴新近接長市黨部主委之梁興
義代表。

3月17日　星期日　晴

體質

　　近頃身體方面無甚衰象，尤其主要器官皆尚正常，例如血壓未高，尿無糖分，此為老人最通常之內科病，余皆無之，但鼻疾未痊，牙則最壞，此為最弱之二事也。又髮早斑白，因每二週理髮前二天自染一次，故保持黑色，脫落現象未斷，然不若二、三年前之甚，眼則三年前配鏡，現在仍然可用，聽覺亦正常，枕邊電晶體收音機深夜微聲甚為清晰，僅左耳似稍弱。步履方面每日二公里，了無倦意。痔瘡出血現象較前更微，每日出恭後必洗滌局部，相信甚為收效。又每晨作金剛靜坐法之全部動作一次，十五分鐘左右，十餘年來未斷也。

3月18日　星期一　晴

職務

　　上午與 Stark 及馬君談增資至五千萬事及以 25% 去年盈餘申請擴充設備，以免營利事業所得稅事，內容複雜，余之英語亦不易達意，故對 Stark 之若干不倫不類見解無從說明，只好俟其自明矣。Sycip 查帳人員來商洽其對於去年採 Direct Costing 一事之如何說明，經雙方同意後由本公司寫一 representation letter 交其帶回。到國稅局訪邱創典君詢以申請本屆營利事業所得稅延期結算申報事，將備好公文交其發表意見，據稱最好在月底滿期前二、三天再遞，過早將不易核准云。到台灣銀行詢原幣存款支取外匯手續。

師友

訪蔡子韶太太告以今日下午到國大秘書處查詢其申報所得稅事之結果。

3月19日　星期二　晴陣雨
職務

編竣三月份薪津表並送第一銀行備發，直接用支票發放者則歸總務人員分送。為吳幼梅秘書擬董事會議程，其要案為討論在半月後開一股東臨時會，決定是否以前年所提特別公積金 1,500 萬元轉作資本，又討論去年盈餘是否以 25% 提為擴充設備之用而免繳營利事業所得稅，又可否以八百萬元轉作資本，則增資 2,300 萬元，連固有 2,700 萬元達到 5,000 萬元之數云。

3月20日　星期三　晴
職務

為填製經濟部之工商業抽查調查表費去大半天時間，因該項表內之事項多與會計數字有關，而又另有標準，不能由帳內完全抄入，必須加以調整或分合始能填入，往往為一個數字費去一兩小時之查核，填寫完成後即交總務處照草稿謄清發出，此等表格常有次年又來連帶查及者，故不能無底稿，總務處往往不在此等處著想，且須為之兼顧，本公司事常常如此也。

3月21日　星期四　晴

職務

　　五十五年以五十四年以前盈餘轉增資案內申請緩扣股東綜合所得稅複查案，自經一再催促，今日國稅局派三人來作調查，當將上週擬好之說明表及股東會紀錄等有關文件面交，彼等即核對帳列還款之日期，認為緩扣案內之還債項目無問題，但本公司係自五十四年尾起算，彼等之意須俟55年股東會議決盈餘分配日即3月30日算起，余認為見仁見智，請從寬解釋，此項不同之起算期可以使還債延緩較久，因須除去3月30日前二百餘萬元云。晚請三人便飯，由孔繁炘、周煥廷作陪。

師友

　　訪劉巨全女士託為馬麗珊在監察院說項，彼認為對院長關係不同，未允所請。

3月22日　星期五　晴

職務

　　為擬定公司股東會分配去年盈餘及將特別公積金1,500萬元轉作資本之方案，費去整日之時間，蓋現在資本2,700萬元，股東方面有意增2,300萬元湊足一整數資本額，其中除以特別公積1,500萬撥充外，以當年度盈餘八百萬元撥足，但特別公積之原來型態為累積盈餘，故須繳所得稅一百五十萬左右（扣繳股東），自應由公司籌足，緣是余擬方案二件，一為增資2,160萬元，以其差數140萬元為現金股利，以便完稅，另一為增資2,300萬元，另發現金股利157萬元，大致可供所

得稅之用，且可按 .91 定率發付股息，但仍有困難，即增股有畸零之數，前者相反，增股有畸零，但新股可按 80% 增發，利弊相似，難以萬全也。

3 月 23 日　星期六　陰雨

職務

以昨日所完成之擬議分配去年盈餘與特別公積金表為根據，為董事會寫成議案三件，並分別譯為中文，三件中以分配盈餘案為文字最多，因其包括當年度盈餘與公積金綜合分配者也，其中並寫明甲、乙兩案備會議採擇。

娛樂

晚，趙筱韻小姐贈戲票與德芳往國軍文藝中心觀看，劉玉麟、趙復芬、劉復雯頭二本虹霓關，配搭極好，接演李金棠、陳元正雙投唐斷密澗，則稍見散漫。

3 月 24 日　星期日　雨

聽講

上午，到實踐堂聽黎東方講演費正清對中國歷史之曲解，若干事實尤其政治方面，費之淵源與對中國之嫌隙為夙昔所未聞，經黎氏說明後知其由來有自，然由於完全之誤解也。

娛樂

下午同德芳與張中寧夫婦看電影，「大刺客」描寫聶政刺韓國首相之血腥經過，編排與取材皆極具匠心，為近年少有之良好國產品。

3月25日　星期一　雨

職務

　　開始準備五十六年營利事業所得稅藍色申報資料，先由應作之調整分錄以計算所得額之最近似的結果。由於去年春曾以前年高估轉帳之營利事業所得稅額轉入當年度之其他收入帳，細加分析後發覺有二事須連帶處理，一為法定公積對此部分不必再提，因去年分配前年盈餘時係就實際所得稅減除之純益額提法定公積，故此部分作為今年收入之沖回稅額不必再提矣，二為今年應報五十六年所得稅，前年既係就實際完稅後之盈餘作為純所得，則今年可不將此項收入作為所得，故應減除計算，以上第一點余久久不能了解，Mobil 於上月來此之 Samson 曾提過，今日始悟，第二點則因引伸於報稅，乃當然之結論也。

3月26日　星期二　雨

職務

　　繼續準備藍色申報資料，已將調整事項範圍確定，今年之調整事項較往年為放寬，由於國稅局對新定藍色申報辦法內之自行調整一節特別注意，故凡認為將來申報後該局必加調整者，即不如先行自動調整，其中如交際費，以進貨 3%、銷貨百分之七為限，業務推廣費無單據者即自行剔除，皆是，但亦有由所得內減除之調整，如前年之溢估所得稅歸為去年之收入，又如還債之外匯差額溢出數，皆是。

3 月 27 日　星期三　晴
職務

繼續準備營利事業所得稅藍色申報，此案之調整事項約六十餘萬元，將由費用內減除，亦即在所得稅內加入所得類內，另有其他收入之調整額三十餘萬元，將由收入內減除，亦即在所得額內減除，故實際上調整三十餘萬元云。藍色申報本限於月底辦理，但因 polystyrene 免稅案尚未核定，計算所得額尚無準繩，甚為焦慮，本已擬好一項申請延長期限之公文，理由為股東會未曾舉行，但事實上股東會明日即將舉行，故又將申請公文改為一種不確定之理由，只希望略有延展，不奢望至五月十五日云。

3 月 28 日　星期四　雨
職務

申請延長藍色申報限期之公文今日送國稅局，其間稿凡兩易，最後仍係用初稿發出。代表其他股東參加股東臨時會，主要本為討論增資，但又因端木愷律師所接洽之經濟部核定 Mobil 於其投資額 635,000 美金即台幣 2,550 萬元等於帳面資本額，即 5,000 萬元始准予匯回，該項公文約一兩天可到而決定此會延至下星期二續開，又討論 54 年盈餘緩扣案申請，Stark 又咬文嚼字，此事本早誤於端木，渠主先繳，今日渠又嘵舌，謂何不寫文字請 Stark 了解，余謂此事懂者無多，殊感無助，渠始無言。

娛樂

同德芳看台大崑曲社公演，張厚衡、張蕙元合演長
生殿小宴，張惠新、周立芸合演西廂記佳期，宋丹昂、
李關東合演刺虎，均皆不可多得。

3月29日　星期五　雨

參觀

同德芳參觀郵政九十周年郵票展覽，包括郵務總
局與私家藏品，極為豐富，因非集郵家，故只走馬看
花耳。

師友

訪佟志伸兄不遇，因彼曾託函紹中探詢申請中文系
畢業生赴美留學之學校情形，紹中來函內容特往走告，
但不遇，乃另行函達。

3月30日　星期六　雨

職務

上午到花旗銀行洽借外銷貸款新台幣五十萬元，該
行定額外銷貸款五百萬元，但本公司外銷客戶所開信用
狀未必皆由該行而來，此間銀行業競爭甚劇，尤其台灣
銀行由國外來之信用狀極不喜由他行結匯，余乃函業務
處請儘量以後洽請客戶請由花旗銀行開來信用狀云。

集會

晚，參加革命實踐研究院聯一期同學聯誼會於警察
局，到七十餘人，推定召集人並決定公送一項禮品為張
羣氏八十壽。

3 月 31 日　星期日　雨

譯作

開始譯述 *Agricultural Credit in Economically Underdeveloped Countries* 第八章論信用合作，今日只開其端，計一千字，此事因合作月刊尚有一篇未刊，故三個月來未動手繼續。

瑣記

昨日下午忽接吳幼梅兄電話，謂開董事會望余列席，德芳答以不在寓所，蓋因其中最難纏者為 Stark 其人，既不肯實事求是，又只在節外生枝，表現小聰明，幾乎無可理喻，既不在辦公時間，故亦樂得清閒也，今日以電話向吳兄致意，彼又不肯詳談經過。

4月1日　星期一　晴

職務

　　上午，馬副總經理囑再擬股東會提案，請通過據以向稅務機關申請 55 與 56 年增資股利緩扣綜合所得稅，此事本屬太早，因其要件為歸還設備借款，而今年年底始可足夠 55 年之盈餘轉增資數，至於 56 年則需明年底始可滿足其需要，彼時再提出申請不遲也，但馬君謂係 Stark 之意見，仍以照辦為宜，余乃以半天時間寫成提案，並譯為英文，交吳幼梅秘書加入。下午續填 56 年藍色申報各表，首為主要表之說明十點，次為歷年盈餘分派情形分析表，後者為以往年度所無，僅去年專案調查一次，此次乃增加一欄以延伸之。

4月2日　星期二　雨

職務

　　上午，程寶嘉會計師陪同市政府人員來公司查驗去年增資九百萬元之帳簿記載，並循例致送程儀一千元。下午代表呂鳳章股東參加本公司股東會，主要為討論增資五千萬事，因趙董事長認為增資所增加之稅負太多，彼將成立一投資公司，轉接其父子名下現在之股份，於是決定延緩，當決定為今年申請所得稅之擴充設備免稅額作一決議，增資四百萬元，其餘容後再談，又決定對於過去兩度增資之股東所得稅緩扣事提出申請，至此余所需要之各項決議均已完成，然因洋人頭腦不同，余已飽費唇舌矣。

4 月 3 日　星期三　晴

職務

宋作楠會計師事務所之查帳報告本月一日送來，今日加以處理，一為將該報告提出二份分送兩監察人，並請其於四月二十九日之股東常會前十天作復，二為將該報告之內容與中文會計報告比較其異同，分別將差異處加以說明，以備隨時加以查考。今日吳幼梅秘書將昨天股東會記錄整理就緒，先囑余過目，余見其不能事事與實況脗合，乃加以修改，吳兄雖擔任記錄，然其內容似皆不知，又其中有為端木愷律師之手筆處，難免事實錯誤處，亦加以改正焉。

4 月 4 日　星期四　晴

職務

上午為董事會秘書吳幼梅兄擬將於二十九日開會之股東會提案，一為提出上年決算報表請求承認，該表即採用宋作楠會計師事務所查帳報告中之資產負債與損益表，並請加入吳兄所擬之營業報告書，二為擬具去年盈餘擬分配辦法，請予通過，此二案均一併譯成英文，交吳兄編入議程。

慶弔

上午，到市立殯儀館弔董少義氏之喪，並至陽明山第一公墓送葬，又與德芳合送輓聯云：為國盡勞瘁長留遺愛在蒙沂，論交兼師友，那堪招魂此島溟。

4月5日　星期五　晴
職務

　　紐約來函查詢去年底年表內之應付票據明細表何以若干對銀行借款不付利息，其須付利息又何以利率甚低（年息 .625%），經核對後，知數家銀行之借款只為進口原料之 D/A，既無利息亦無 L/C，將來為免被誤會為對銀行之負債，將在帳上改為供應商之名，至於利率一節，則上項年報表顯有錯誤，蓋美金外銷貸款與 usance 均為利率月息 .625% 也，至於各筆所寫之年息自係誤記云。續填藍色申報表，並通知各同仁速辦，接國稅局通知延至四月十日申報。

4月6日　星期六　晴
職務

　　上午，為稅捐處派員來調查銷貨情形將課徵零售交易營業稅，而舌敝唇焦，半天猶無結果，緣營業稅法規定已徵貨物稅之貨物免徵營業稅，但零售不在此限，本公司兩種貨物稅貨物聚苯乙烯與電木粉一向均對經銷商開出發票，並不按代銷手續對代銷商開出委託書，代銷商再開出發票且代扣繳營業稅，事實上皆屬批售，故不課營業稅乃理屬當然，數年來相安無事，最近二月間財政部又解釋零售之涵義，包括凡委託代銷之貨品一律在內，均由代銷商扣繳或由委託商自繳，此一解釋完全超出稅法範圍，正在製造無窮糾紛，今日稅捐處所派司君來查合約與帳務，即認為應補稅，且因係通知本公司自繳，故亦有根據，而萬華分處則昨曾對代銷商委代通知

扣繳，分明爭稅，且據不通之命令，余今日對司義正辭
嚴，表示決不從亂命。

師友

　　韓華斑兄來訪，閒談。族孫吳伯實來談暑假畢業，
託為謀職。

4 月 7 日　星期日　晴

游覽

　　上午同德芳到陽明山游覽，花季雖過，然滿山杜鵑
未謝，茶花亦間有點綴，尤其楓葉新芽，碧綠宜人，園
內且有櫻桃，為若干年所未見，另行至陽明瀑，就亭野
餐，然後下山，至新生社沐浴飲茶休息，然後至車站，
因秩序太差，故繞道新北投返北，因候車太久，甚感
疲憊。

4 月 8 日　星期一　晴

職務

　　藍色申報內之各種附件尚有未齊者，其中尤為擴充
設備內之過去兩年免稅計 465 萬元須附送設備採購證
件，經孔君一再湊措，已有四百萬以上，乃余今日再赴
花旗銀行匯挪威 knowhow 費美金一萬元，合台幣 40 萬
元，勉強湊成焉。依據三月份所結出之銷貨資料，以二
月份成本單價估計三月份銷貨成本，加入費用後求得總
支出數，然後算出純益額，以電報送紐約。

4月9日　星期二　晴

職務

　　全天用於藍色申報工作，上午先將一切應用文件儘可能予以彙齊，移時昨天約定在形式上代為申報之吳崇泉兄來洽手續，余事先簽准馬副總經理，並經渠得趙總經理同意以 45,000 元訂定委託書，實際一切由公司自辦，吳兄來後即將所備各件略加翻閱，就其中財務分析部分加以摘錄，然後決定下午寫一分析報告，列入申報，余則下午趕將其中尚未備齊之件趕齊，並分別用印，只待明日裝訂矣。

4月10日　星期三　晴

職務

　　上午吳崇泉兄來面交所作之本公司財務分析，當加入藍色申報文件內，尚缺股東會決議一件，因印製錯誤，一再改正，最後始交來，亟加入申報文件內，於是連同一切資料重新加以校核，一面將申報之文件裝訂成冊，一面將留底製成文卷一本，其中有缺少而不能補正之件，則分別夾以便條，予以註明。下午到國稅局第一科將藍色申報書面遞。晚，外資公司會計人員聚餐，所談多涉及稅務方面，咸以為不易應付。

4月11日　星期四　雨

職務

　　製表二份，顯示以 1965 年盈餘轉作增資項下得以緩和股東綜合所得稅案內將發之股票有若干為整股於發

放時在股票上蓋明不得轉讓字樣，另有若干尾數不發有限制之股票而須代股東扣繳綜合所得稅，後者只為尾數，乃依據上次股東會之決議，棄尾取整者，此為一表，另一表為 1966 年盈餘者，內容相似，兩表做成後並另行統計一項資料，即股東必須有票面一股者，1965 年為 100 張，而 1966 年為 110 張，前此股票最小面額為十股之原則必須修正矣。

4 月 12 日　星期五　雨
職務

上午到國稅局，探詢股東由盈餘轉增資之股份於股票領取前即已轉讓，至領取股票時扣繳所得稅，其扣繳對象應為舊股東抑為新股東，據方祝成股長云，應為發股票時之抬頭人，換言之，如轉讓時已向公司過戶，則發股票用新戶名，即扣新股東，如只私下轉讓，則須扣繳舊股東云。編製三月份之資本支出月報表，內分 1968 年新 AFE 與其支出，1967 AFE Carryovers 繼續支用數兩部分，因 Expandable Polystyrene 建廠工程三月份完成，當月支用頻繁，故後表之內容較繁複，1968 支出則尚未大量開始。與業務處商洽客戶用本公司原料加工出口按外銷價附帶保證金方式出售之開出發票，並自辦退稅之處理手續。

4 月 13 日　星期六　晴
職務

撰擬三月份會計報表之分析公函，因自上月份起內

容依 Samson 之意見加以改變，若干數字加入本年累計
在內，故計算時略有牽連，頗費時間，又本月份盈餘比
預算超出甚多，經將原因說明，乃由於費用減少，發泡
聚苯乙烯試車費尚未動用，利息支出無多，以及福美林
出售較多等因素。

娛樂

　　下午同德芳到中山堂看電影，陶樂絲黛主演諜海玻
璃船，完全匪夷所思，佩樂與對話亦皆不清晰。

4月14日　星期日　晴

譯作

　　續譯 *Agricultural Credit in Economically Underdeveloped
Countries* 第八章論信用合作，今日為論信用合作社規模
之應大應小與責任之應為有限或為無限，作者就二者利
弊得失不厭求詳的加以比較，而最後歸結於以運銷合作
配合信用合作而掌握社員之還款能力，於是規模縱大而
無損於放款之穩固，責任雖為有限，而更補以政府之提
倡股，則責任問題無可顧慮矣，其卓見有足多者。

4月15日　星期一　晴

職務

　　撰寫三月份工作報告備提下星期一之業務會報，其
中以財務方面之事項為最多，而應辦事項之檢討則無可
寫，乃將最近發生之 Polystyrene 五年免稅之核准一事
提出，謂藍色申報有此缺陷，務望查帳開始前能有解決
云。下午與 Mobil Oil 台灣分公司及香港 Mobil 來此之

葉、蔡二君舉行聯席會議，討論擬議中本公司全部產品委由該公司代銷之種種問題，先討論重要原則，細節待日內續商。晚，宴請蔡、葉二君於豪華酒店。稅捐處中山分處來囑繳納聚苯乙烯貨物稅，但萬華分處曾通知安達扣繳，步調亂矣。

師友

為趙雪峰代表蓋章保證其向光復大陸借商業銀行之小額貸款一萬元。

4 月 16 日　星期二　晴

職務

上午，應約與馬副總經理及吳幼梅君到慕華公司與 W. H. Stark 商討關於董事會與股東會記錄等問題。下午，香港 Mobil Oil 之葉君與此間之白君來談代銷貨品之收帳與營業稅問題，白君為此間 Mobil Petroleum 之財務主管，此間本公司情形彼亦刺探且詢人私事，風度不足取也。稅捐處中山分處派人來送補徵前年營業稅稅單，彼原有填好之去年稅單，因見安達貿易公司已代辦扣繳於萬華分處，故不再重徵，其實彼之根據只為財政部一項解釋，甚為薄弱也。

4 月 17 日　星期三　晴

職務

趕編本月份薪給表，此事應於昨天完成，因事多而延至今日，幸在編製中未發生大的錯誤，故未浪費時間。復閱周君所編製送紐約之第一季季報表，其中本不

應有問題，但經細閱後，仍發現若干問題，一為累積盈餘未照帳面餘額列表，正表與附表亦不相符，經改照帳面列入，而將附表所採之不同數額係將法定公積提前分配一節用文字說明，又期末存貨在損益表與資負表上不同，亦經加以註明，此外則筆誤之處尚不免，經加以改正焉。

4月18日　星期四　晴

職務

稅捐稽徵處中山分處送來核定稅額通知書，囑補繳55年貨物稅貨物之零售營業稅，而萬華分處則又向代銷聚苯乙烯之安達發單通知補繳同一時期之稅，可謂莫衷一是，今日擬稿復中山分處，謂本公司之營業稅向來按月報繳，該處無何異議，事過兩年，營業稅法並未修正，而人民負擔竟有此差異，況本公司之銷貨向來以自開發票處理，何得謂為零售，又萬華分處又經發單，如此政出多門尚應待貴處之澄清云。

交際

晚，慕華公司 Stark 在陽明山開自助餐會，招待香港來之 Mobil 人員葉、蔡、陳等三人及此間 Mobil、慕華及本公司高級人員云。

4月19日　星期五　晴

職務

上午，中山分處稅務員司君來，余將昨日所擬之文稿，亦即將司君所辦之通知本公司補繳55年電木粉與

聚苯乙烯營業稅之通知書退回公文，交渠面閱，彼亦無
甚意見，至少並無理由勉強本公司繳納半數申請複查，
此案之發展至為微妙，因中山分處即將向辦理扣繳之萬
華分處有所質問也。

師友

下午因還款而到交通銀行，便中探望王慕堂兄，見
其面色殊不甚佳，並據稱正在由鐵路醫院視聽中心診斷
治療中云。

4 月 20 日　星期六　雨

職務

上午，從事一週來所積壓之無時間性之工作，並會
核業務處所擬之復安達貿易公司公函，不承認該公司接
受萬華稅捐處分處通知扣繳本公司 56 年聚苯乙烯營業
稅，理由為貨款已移付本公司，失所憑藉，不能任意扣
今年之貨款，且不採先繳半數申請複查，殊屬慷他人之
慨也。

交際

晚，參加黃鼎丞兄嫁長女之喜宴，席間所遇有前美
援公署同仁多人，發起每兩月聚餐一次，又遇由越南返
台度假之劉明德兄，承贈原子筆一枝。

4 月 21 日　星期日　雨後晴

譯作

續譯 *Agricultural Credit in Economically Underdeveloped
Countries*，全日共完成六千字，包括第一大段短期與中期

合作社及第二大段長期信用合作，本章已完成其大半。
體質

　　舌之左側起鵝口瘡二顆，因所在為飲食必動之處，
故甚感痛苦，一週來每日服祈富靈一片，不知是否該藥
引致之副作用。

4月22日　星期一　晴
職務

　　上午，董事會秘書吳幼梅君示余以 Stark 所擬本月
二十九日股東會日另一董事會議程，內容與股東會者相
同，主要為請通過財務報表與分配盈餘方案，余指出此
等議案依公司法 228 條須在股東會一個月前提出，吳兄
不能了解，約余訪 Stark 一談即行明瞭，乃另將二案插
入上月 28 日董事會紀錄，將已印好之紀錄廢棄重寫，
歸後吳兄並託余將中文亦為之寫就。下午舉行業務會
報，余於書面報告而外，提出須向省市政府報告發泡聚
苯乙烯計劃已於年底完成，請到工廠驗看，故希望工廠
有關人員對視察人員一律表示年底完成之意。

4月23日　星期二　晴
職務

　　擬一公文送市政府建設局，並以副本送台灣省建設
廳，請發給本公司發泡聚苯乙烯機器設備已如期安裝之
證明，以便向稅務機關銷案，蓋此一計劃本公司係就
54 與 55 年之盈餘百分之二十五共 465 萬元申請先計入
所得稅者，現在既已完成，須主管建設機關認為滿意

始可云。

體質

　　到國防醫學院就診右下牙於王樹榮醫師，決定右下最後一個破牙由於屬補層脫，決定做一金套套入，使其不至太不固定，今日已磨平製模，費時二小時。

4 月 24 日　星期三　晴
職務

　　稅捐處中山分處送來通知，對於本公司送回之該處稅單再度送來，謂如不服，可以申請複查，余即草擬公文，依營業稅法之規定繳納愛國公債半數申請複查，其實該處之通知繳納本為違法，但既已如此，公債呆存無益，不如將計就計即行以此為針鋒相對之答復云。

旅行

　　下午五時由台北乘觀光號火車南下，於十一時到高雄，即赴預定之克林飯店下榻。

4 月 25 日　星期四　晴
職務

　　到高雄廠檢討會計業務，尤其對於 Expandable Polystyrene 之出貨有關會計問題多加注意。台北電話對於稅捐處補徵營業稅事有極不合理之發展，蓋稅捐處認為本公司無財務困難，不應以繳納公債代替半數現金，電話中司、李二稅務員且與余申明其片面理由，余深為氣憤，下午馬副總經理到廠，謂上午因不堪其擾，已改繳現金半數，將來申請複查云，為之大失所望。

家事

晚，衍訓及其未婚妻來，余與衍訓同訪其岳丈王復祥，並有餽贈。

4月26日　星期五　晴

職務

到高雄廠繼續討論業務與會計有關事項，包括管理課會計課與公司業務處人員，主題為 Expandable Polystyrene 之包裝問題，初係就退桶與押金之方式討論，且已有初步處理辦法，其後因多數以為手續太繁，不如連桶出售，然後再以收購方式購回用桶，於此始獲初步結論。視察甫出品之 Expendable PS 工廠。

旅行

下午四時三刻由高雄乘觀光號火車北上，於十時三刻抵達台北。今日南北部氣候相差甚遠，到北時已深夜，寒氣甚重。

4月27日　星期六　晴

職務

上午在公司料理三天來未辦之事，甚為瑣碎，且有出乎常情之事，即華夏公司代本公司做成 Authorization for Expenditure 一件，不告內容，而需要 AFE 號數，甚以為異，因係趙總經理所主，故只能問高雄之馬副總經理，據云可給以號碼云。

交際

午，同事汪菊珍邀湯餅宴，到者皆本公司同仁，合

送金飾及奶粉等。

體質

到國防醫學院請王樹榮醫師看牙，云上星期二製模仍嫌太大，故今日又將由下內牙磨去一層，重新做模，迨下星期二可將金套製就云。

4 月 28 日　星期日　晴

譯作

續譯 *Agricultural Credit in Economically Underdeveloped Countries* 第八章論信用合作，今日所譯為 Credit, Marketing, and Supply，內容在說明信用合作社，運銷合作社，及供給合作社三者配合發展之重要，此節最長，今日只完其半，凡三千字。又此文在全書中亦為最長者，現在已譯一萬三千字，尚餘三分之一未譯，因第七章尚未刊登，故尚不十分迫切。

4 月 29 日　星期一　晴

職務

舉行股東常會，任務為提請承認 56 年決算表及分派盈餘，決算表余所送有二種，一為中文者，二為英文者，但事實上以後者為主，此因英文者附有會計師查帳報告及監察人審查報告，比較完善，但因會計師查帳報告文字太多，余未全部影本分發，故在座股東有主張應連同監察人審查報告一併印影本分送，第二筆分派盈餘，照余所提通過，但因所提特別公積金額係按減除估計所得稅後提十分之一，故其數並非最後，乃有股東

主張按稅前純益提撥，可以確定不移，此法處理較為
簡易，但特別公積與稅後純益將永不成比例，是其缺
點耳。

4月30日　星期二　晴

職務

　　自上週發生稅捐處中山分處苛徵營業稅以來，本公
司不但已繳半數申請複查，萬華區之代理商且扣繳兩年
向本公司抵解，如此苛雜，然猶以為不足，對於本公司
報繳本月份發票申購下月份發票復盡種種留難之能事，
同時外間之一片反對請願之聲曾不足以稍戢其倒行逆施
於分毫，此真法治外衣下之奇恥也。

集會

　　上午出席國大黨部小組會議，討論事項為有關交通
秩序問題。

5月1日　星期三　晴

職務

本公司歷年應收帳款向無呆帳發生，直至最近始有美森板公司倒閉，有十八萬元未還，一再折衝，數日前始以各種材料七折抵帳，現材料已運抵高雄廠，今日廠函請示如何處理，業務處答復望選留擬用者，以其餘暫存，實等於未曾答復，馬君不以為然，乃移至本處答復，主儘擇目前需要者留用，其餘則以比價方式擬訂方案出售，但此法恐出售部分難免損失云。

娛樂

晚與德芳、紹寧看電影「舞后心聲淚」，為一古典歌舞片，甚佳。

5月2日　星期四　晴

職務

為此次稅捐稽徵處中山分處迫繳 54、55 兩年營業稅寫成文字說明一件，備提明日工商協進會所召開之稅務問題討論會，該會因貨物稅廠商被迫繳納營業稅，召集會議討論應付方針。下午趙董事長語余，因華夏公司容納海灣公司投資即將改組，由海灣派員擔任 Controller，而由渠推薦人員副之，詢余台達有無人員可以接替余之職務，余因此事突如其來，且兩公司雖股份部分相同，然不發生所謂調用問題，故余絕不表示意見，趙氏並云希望余推薦人員，余允注意及之。

師友

晨訪朱興良兄，交去其託蓋彰化銀行保單，朱兄昨

晚來訪，未遇。

5月3日　星期五　晴
職務

　　上午，馬副總經理告余以 Mobil 將於六月底召彼回美之事，但彼顧慮到美後與中國關係中斷，事業無可發展，頗有意與美方一 consulting firm 聯繫在台從事技術服務，而其中財務、會計甚關重要，詢余如果實現，可否考慮參加，余告以甚有興趣，並約略告以趙總經理昨日之事，渠認為余慎重考慮極是。下午代表公司出席工商協進會之稅務談話會，發言者皆就本身問題提出其所受稅捐處之折磨，較之余在台達所經驗又自不同，余將昨日所擬書面面交供綜合提出。

5月4日　星期六　晴
職務

　　自上週將稅捐處中山分處補徵營業稅稅單繳納半數後，即準備複查申請，今日將全部理由蒐集齊全，一部分為本公司固有，一部分則採自日昨在工商協進會之資料，指出其不但與稅法不符，且與財政部之解釋亦有偏差，但其中未提者為萬華分處經由安達扣繳一事，因此二事雖有關連，然並非一案，不易措辭，為簡化即不提及矣。

5月5日　星期日　晴
譯作

　　續譯 *Agricultural Credit in Economically Underdeveloped Countries*，今日譯七千字，已將第八章論信用合作譯完，本章共一萬九千字。

慶弔

　　國大代表陽明山同學李德廉為車禍喪生，今日在殯儀館治喪，特往弔唁，並於事先託國大秘書處撰送輓章。

師友

　　上午同德芳到新店訪張志安師母。贈國學治要全套八冊，但未遇，贈書之意義為本月內將度生日。

5月6日　星期一　晴陣雨
職務

　　馬副總經理對其未來在台灣從事經營 Consulting company 一事今日與余再度交換意見，因其此項計劃須待七月後始克著手，而其目前正在著手之地毯公司則須立即接辦，故提出一項意見，約余赴該公司任副總經理，以待 Consulting company 成立時該公司事已就緒，有一普通人員即可應付，余謂此事時間上頗不適合，蓋尚有兩月馬君始奉調離開本公司，如在此期間竟先將公司人事開始拆台，必招物議也，馬君亦認為有理，故未再談進一步有何步驟云。

5月7日　星期二　雨後晴
職務

　　預估四月份純益電達紐約 Mobil，此次預估之特別項目為發泡聚苯乙烯試車費共用去原料近五十萬元，預料所製未達標準之成品約近二十萬元，乃以餘額三十萬元分為兩個月負擔，故本月負擔十五萬元。本省唯一生產甲醇之長春因最大消耗者本公司不予購買而滯銷，正在醞釀甲醇管制進口，本公司反對至今，因政府壓力甚大，將放棄反對，交換條件為組織公司專營甲醇之出售，此公司由長春及最大消費戶本公司與李長榮三家合營，凡三家用甲醇照定價，對外則一家專營，價格較高云。

5月8日　星期三　晴
職務

　　為本公司與長春及李長榮合組新公司銷售甲醇事，本公司將認股百分之37，即37萬元，余今日與葛副總經理談手續問題，依 Mobil 之辦事程序，此種 equity investment 須有 AFE，而 AFE 超出二十萬元須紐約同意，勢必緩不濟急，葛氏與趙總經理商談結果，認為可用暫付款處理，以待 Mobil 之核准云。稅捐處中山分處補徵55年本公司營業稅事，今日發出申請複查公文。下午出席工商協進會討論貨物稅貨品重徵營業稅如何進行請願。

交際

　　晚，參加外資單位會計人員聚餐，此次由 Bristol

藥廠召集。

5月9日　星期四　陣雨
職務

　　吳幼梅君擔任秘書之董事會自三月以來至四月底共開會五次，其中包括董事會兩次、股東會兩次，又董事會一次，紀錄照例用中、英兩文，故合共為十種，今日已整理且印製竣事，馬副總經理臆斷其中必有錯誤，乃囑余與吳兄二人校對，今日著手辦理，果然發現錯字，又有中文本與英文不相符合之處，但均係經兩個律師看過，仍然錯處甚多，亦有遺漏之處，經逐一改正，於是又須重打，據打字小姐云，此為已經改而後打之定本，甚至不止打過一次者，吳兄則亦自云望而生畏，謂曠古未聞之麻煩董事會云。

5月10日　星期五　晴
職務

　　到花旗銀行調換一年前所開進口 Expandable polystyrene 器材貸款美金九萬元之本票，此事因去年按總數開出後，其後每次支付又加開一次，故有重複，該行乃通知換回，並開一張一萬元者，即連同其他已開各筆而造成與總數相符之結果；在該行又討論外銷貸款能否以出口結匯追算實績以台幣歸還，認為困難，但可隨時歸還外匯，再隨時重借，庶可不致有外幣頭寸難以調度之缺點云。馬副總經理再度與余提及改就其地毯公司事，余允數日內考慮答復，並望其與趙總經理談及。

5月11日　星期六　晴
職務
　　馬副總經理再度問余是否願往其地毯公司任職，余告以原則可行，但趙總經理方面之考慮如何，亦應顧到，渠謂將直接與談，申明此一步驟不過為將來 consulting company 之初步，以使其不便反對云。余對馬君之計劃雖甚願參加，然又自顧已屆六十之年，難免不勝繁劇，尤其一事業之開創，千頭萬緒，頗有望而生畏之感也。
家事
　　上午九時到車站送德芳率紹彭赴高雄，明日將為衍訓主婚。

5月12日　星期日　晴
瑣記
　　因德芳赴高雄，今日與紹寧、紹因兩女料理家事，晨起余到中和食早點，並買回蟹殼黃、燒餅等，歸回後又到古亭市場買菜，烹調等事則由兩女任之，似乎頗有次序，飲食亦皆可口也。
師友
　　下午，前山東省銀行同事馬麗珊女士來訪，閒談其在監察院工作。
體質
　　榮壽醫院之膠囊藥已服俞一星期，似有微效，昨日起服 Vitamin E，日三片。

5 月 13 日　星期一　晴
職務

馬副總經理與余再度談約余參加台灣地毯公司事，謂已與趙總經理談商，謂此為將來成立 consulting company 之初步工作，將來並希望趙氏參加，彼當時即表示首肯云，至於進行程序，初步在籌備與登記期間余只須事實上幫忙，待至公司登記辦妥，名義確定，再正式脫離台達云。編製四月份 Capital Expenditure Report，計分本年四月份部分與 1967 Carryover 四月份部分兩張，在製表之前先根據未完工程帳將全月支出列入資本支出登記簿，然後滾計四月底累計額。

5 月 14 日　星期二　陰雨
職務

寫四月份報告表之各種內容分析公函寄送紐約，四月份銷貨額大減，加以應由前數月負擔之 Expandable polystyrene 試車費一部分出在本月，故盈餘較預算數降低甚多。與業務處貝聿燾君討論該處正在實行推廣之外銷聚苯乙烯加工品原料特價銷售事，其方法為在售出時按外銷價收取貨款，另收相當內外銷差額之保證金，在外銷證件繳來時將保證金退還，轉作應收退稅款，依本處之見解，此項繳收證件之期限不宜超過 30 天，但因該處已對外文字發布三個月，故亦只有按三個月處理云。

5月15日　星期三　晴

職務

　　上午，趙總經理語余，謂馬副總經理面告余已決定
到台灣地毯公司任總經理，詢是否如此，余告以雖有此
事，然未作最後決定，因該公司成立在兩月後也，余所
以如此表示，因趙氏曾告余以調任華夏事，余至今未作
答復，趙氏乃謂望決定早告，以便物色余之繼任人選，
渠絕無挽留之意，蓋有其不甚愉快者在也；余旋將此情
告馬君，馬君亦謂未告語趙以已經決定，然既已如此，
不妨日內即告以實情，蓋地毯公司尚在發展中也云。

慶弔

　　晚同德芳到中山堂參加張志安師母 72 歲生日宴，
凡四席，女客較多。

5月16日　星期四　晴

職務

　　編製本月份薪俸表，因上月份經付之第一銀行囑代
填各戶存款之存款便條，故手續又多一著，同時因該表
不必再在銀行一度進出，故原作之另一副本亦自本月份
起取消矣。

體質

　　再度至榮壽醫院由陳醫師檢查，因服藥十天已似
有所覺，經渠檢查，亦認為右方之能經診察看放光者
大為改善，又今日打針三種，一為靜脈，名為 K-15 及
其他，二為皮下，為 CHORITRON 二千單位，三為皮
下，已忘其名。

5月17日　星期五　晴
職務

　　會同馬副總經理到台灣物產公司訪林錫鈞董事長，談進行台灣地毯公司設立登記與其連帶關係之一申地毯公司變更登記事，馬君代表美籍范康侯兄弟主立即辦理，林則堅持因五年免稅案未奉核定，須先將外人投資案再作申請，俟其中將不准免稅一點取消後再行辦理，以免屆時又解散公司出爾反爾之譏，此點與馬君之意大相逕庭，因而爭執多時，無法妥協，在座者尚有數人，亦皆無由解決，以致面紅耳赤，不歡而散。

5月18日　星期六　晴
職務

　　馬副總經理告余，昨日與林錫鈞君爭執之點已託新台灣董事與林有舊之吳永言君從中斡旋，並將由林之友人中延二人代表二君出面接洽，以免僵持或衝突，余默察此事在公司尚未成立已有摩擦，將來問題方興未艾，故覺有慎重參加之必要，故原欲向趙總經理回話表示將脫離台達者，至此又有躊躇，惟局勢至此，恐即使地毯公司不成，余亦將離開矣。
交際

　　晚參加 AID 會計處同仁聯歡聚餐，到五十餘人，頗極一時之盛，席間並決定今後每三個月舉行一次，並排出聯絡人與總幹事。

5月19日　星期日　雨

體質

日前曾承保部分同仁人壽福利保險之台灣人壽保險公司來辦理體檢，余量血壓為 144° 與 84°，據云係屬正常，又量身高，謂 168 公分，但余記憶中曾達到 171 公分，未知是否因年齡增長而有衰退。

娛樂

鄰人姚冠午君贈落霞票房公演戲票二張，約張中寧兄同觀，看魚藏劍、紅鸞喜與別窰三齣，尚有失印救火，因時晏未觀。

5月20日　星期一　雨

職務

上午參加本公司與美孚公司會計業務人員聯席會議，討論自下月一日起本公司銷貨由美孚經辦之開立統一發票，與開發貨單及送貨與移轉倉庫等項手續，余提出有關發票開後隨時送至本公司記帳與貨物移動時應有一聯 Transhipment Order 送本處，以便控制倉存所在，皆為該出席人員所接受。

家事

本市地價重新調整公告現在申報中，余今日填就羅斯福路住所之申報表，每坪 7,585 元八折為 6,388 元，22.005 坪總價為 140,568 元，將由德芳明日往區公所申報。

5 月 21 日　星期二　雨
職務

　　吳幼梅秘書向余查詢因趙總經理主張增資為五千萬元，現在已增資四百萬元之股東常會議決案又須變更，此案本係增資至五千萬元，因其來源有特別公積 1,500 萬元為盈餘所轉，現在勢須補完綜合所得稅，於是趙氏亟欲成立一投資公司以減輕其累進負擔，乃改為現在之 400 萬元，使累進盈餘不超過實收資本四分之一，現趙氏又謂將改為以股份轉讓他人，仍然如前議增資，吳兄乃詢余如何進行，余為之開出項目包括趙氏立即將股份移轉，然後發出通知舉行第二次股東常會以通過增資為五千萬元，其後吳兄又查出以前趙氏與 Mobil 間之 Letter of Intent 認為趙氏股份不可任意轉讓云。

5 月 22 日　星期三　雨
職務

　　馬副總經理所代表參加之一申地毯公司與籌備中之台灣地毯公司已面臨與林錫鈞決裂問題，蓋外國股東兄弟二人來電支持馬君之立場，與林相去固太遠也，馬君為表示其不能失敗，又有意尋覓其他地毯業合作之對象，則此事如何演變，正未易逆料也；趙總經理對於馬君之參加地毯公司頗不以為然，謂吾人處事，固應注意成敗，然亦不能不矜持於本身之 professional pride，余亦表示甚讚佩，但不表示熱心。

5月23日　星期四　晴

職務

今日須準備明日支付購料款六百三十餘萬元，除昨已通知高雄廠向交通銀行分行透支三百五十萬元外，今日則花旗銀行送客戶票據 22 萬元，並洽借外銷貸款 50 萬元，俟明日辦理手續。

5月24日　星期五　晴陣雨

職務

到花旗銀行借到 220 萬元，即存入交通銀行城中分行，以便連同該行高雄分行透支撥來 350 萬元開出支票應付今日到期之進口料款。到花旗銀行洽詢依據該紐約行向莫比公司表示其代本公司向交通銀行擔保採購器材款延期一案，已由台北花旗行通知交行一節是否已辦，乃花旗銀行一再查詢，竟謂未接紐約隻字通知，殊以為異，乃急電莫比公司請迺洽交行云。

5月25日　星期六　雨

職務

美孚公司代銷本公司產品事下月即將實施，現在已開業務人員聯席會議二次，今日將紀錄分送，交周煥廷君詳加研究，提出須進一步解決之問題，將提明日會議討論。

5 月 26 日　星期日　雨
慶弔

上午到市立殯儀館祭項望遠君，並贈賻儀。

5 月 27 日　星期一　陣雨
職務

上午到美孚參加委託銷貨第三次會議，雙方共約十人，余所提出者為應收帳款之前後劃分，及收款之時間與雙方開戶往來處理差額等，午並聚餐。

師友

下午到交通銀行，順便探望王慕堂兄之病，據云仍疲憊無力，然月餘未暈。

5 月 28 日　星期二　晴陣雨
職務

上午，趙總經理再度詢余以馬副總經理約余他就事，余告以地毯公司已有變化，恐不可能，但馬君已赴高雄公幹，容回北後再行洽談，趙氏謂如該事不成，望勿再動，蓋現在福美林聯營機構之股東代表仍應由余參加一人也云。準備發泡聚苯乙烯設廠完成資料，以便補送市府建設局申請查勘後轉稅捐處銷案。

娛樂

晚同德芳到大同戲院看國產電影，為邵氏之劍琴恩仇與心花朵朵開。

5月29日　星期三　晴
職務

　　到稅捐處接洽二事：（1）該處通知部分扣繳所得稅
憑單與戶籍不能核對歸戶，須再查填，否則即將由該年
度之費用內剔除，並重新核算營利事業所得稅，經取回
54 及 56 年度之憑單十一份，有待補填；（2）股東緩扣
綜合所得稅一案，經再度派員調查後又已一兩閱月未有
消息，經詢主辦之張君，據云尚在辦理中，但可以相告
者，即其中可以緩扣之項目須剔除土地價款與股東會
議決緩扣以前所付之價款，其實完全不合理，全係節
外生枝。

5月30日　星期四　晴
職務

　　福美林公司聯營機構之長達公司亟待登記，本公司
共有股東代表七人，並以葛副總經理為常務董事，余為
監察人，今日趕辦戶籍謄本，以憑申請公司登記。
集會

　　上午參加國大黨部小組會議，中午並由組長趙雪峰
請客。
體質

　　左下牙裝金套後本已可用，但上面有一牙在咀嚼時
常有壓迫與痛疼之感，下午就診於聯合門診王樹榮醫
師，經將其咬面加以琢磨，其相接處即可相抵觸，晚飯
試之，果然輕快許多，此一問題曾看他醫，未曾云治，
今王醫師小試即成，可異也。

5 月 31 日　星期五　雨

職務

準備四、五兩月份工作報告，以便提出下月份之會報，緣五月份會報並未舉行，本年第五次會報須下月初舉行，則應報告之資料勢將包括兩個月份，而資料加出一倍，整理即費時矣。

家事

今日為端午節，依新規定下午放假，晚餐約紹彭之家庭教師陳君，不來，又約族人吳伯實及其女友曲敬璋與其弟敬昭共餐。

6月1日　星期六　雨
職務

撰寫四、五兩月份工作報告，因有平時之兩倍，半天猶未寫完，且其中有非三言兩語可以寫完之事，例如上月所發生之稅捐稽徵處補徵 55 與 56 兩年貨物稅貨物之營業稅，自兩年前之新營業稅法公布，至今年二月財政部解釋零售二字之含意，以至稅捐處雙管齊下，既要扣繳，又要自繳，迫不得已，只好先繳半數申請複查，以及工商協進會開會反對，本公司亦參加討論，並提供資料，其間曲折甚多，須源源本本始能使閱者了解也，再如緩扣股東 54 年盈餘綜合所得稅，曾請國稅局速辦，該案曲折更多，須詳加說明始可。

6月2日　星期日　雨
交際

上午到市立殯儀館弔苑覺非岳丈之喪，並於事先託國民大會秘書處繕送輓軸一件。

家事

下午同德芳到企鵝公司買西服料二件，並同往建國中學訪王培五女士以一件贈其即將出國之幼子張彬。

6月3日　星期一　雨
職務

寫完四月份與五月份工作報告，備提本月十日之會報，因此次係包括兩個月之資料，故份量超出一倍，共寫六頁，亦較往昔之文字多出一倍也。整理有關發泡

聚苯乙烯機器設備資料，併辦一公文，送市政府建設局，該局曾來文列舉應予補送之件，至今日已全部打印齊全。

娛樂

晚同德芳到中山堂，看菲僑移風票社與此間大專學生國劇聯合公演，有蘇子與戴綺霞之斬經堂，謝楊世、徐龍英等之甘露寺，未終場而返。

6月4日　星期二　晴

職務

填寫建設廳發來一項調查表，內容為逐年列明在獎勵投資條例下免稅銷貨額與免稅若干，余列前者尚可依據歷年銷貨記錄照填，對於後者則細細看來感覺無從填寫，蓋所得稅計算時若干因素均係同等生效，在計算免稅所得時固可十分具體，但欲計算由於此種免稅所得而免納之稅究為若干，則因其他免稅因素及累進稅率等關係，實難明確填明也。下午開會討論 PS 管制進口申請問題，決定對於建設廳所要之資料各部分分頭準備，交稅捐處彙填。

6月5日　星期三　晴

職務

到稅捐處將上月底該處交來追查之十一戶綜合所得稅扣繳憑單之正確地址與里鄰號碼等，交回復命，其中大部分無誤，小部分則因遷居而無法歸戶。

交際

晚，參加外資公司會計人員聚餐，所談多為關稅與電子公司等問題。

師友

晚，朱興良兄來訪，談其台中房屋出售發生糾紛，已入訴訟階段。

6月6日　星期四　晴

職務

高雄廠土地一萬六千坪係五十三年春所買，直至最近始聞有地價稅問題，工廠來函云，買地立切結書時未提納稅事宜，故擬函復港務局請該局自納，但余查卷見去年港務局答復查帳人員之去函所附本公司切結書，較之另一副本則分明多一條款應由立切結書人納稅，而公司文卷不全，故復請工廠詳細調查當年之切結書究竟何似，以便確定是否繳納，此外為公司文卷不全，請總務處通知工廠將重要文件製副本送公司以便查考。

6月7日　星期五　晴

職務

辦理五月份預估結算，此月銷貨以福美林為多，故盈餘亦多，又發泡聚苯乙烯第一個月上市，亦有銷量，故雖負擔試車費八萬餘元，仍然有超出預算之盈餘，計此月淨益逾百萬元，亦為過去月份所無也。本月份起之全部銷貨由美孚代理，美孚在登記代理業務尚未完成以前，過渡辦法為使用本公司發票，據報原定發票在工廠

開出，與本公司以前相同，但實際上則美孚在台北於開
發發貨通知時即行開出，如此辦理，則月底工廠成品實
存量將與帳面發生差額矣。

6月8日　星期六　晴

職務

撰寫 54 年股東緩扣綜合所得稅申請書，此本為正
在國稅局復查中之案，余因其曾表示不久解決，故等候
至今，又已兩月，而詢之該局仍無音訊，乃決定依獎勵
投資條例第八條規定，因緩扣條件已經完成（即已還清
以當年盈餘償還之借貸資金與分期付款），而申請准予
緩扣，以代再催其復查。下午參加莫比公司 C. C. Fisher
與趙董事長會談，答復其二問題，一為 Sycip 查帳建議
事項執行情形，余告以除一、五兩項外，餘皆已辦，二
為 Mobil 同意由公司付趙氏 30 萬元特酬，不問其出帳
方式為何，經討論決定今月支付。為聚苯乙烯申請管制
進口須呈報生產與銷貨資料，今開始準備。

師友

下午同德芳到新店訪崔玖女士，渠甫由美回國，將
在醫界短期服務。

娛樂

晚同德芳看電影七段情（Woman Times Seven），
Shirley McLane 主演，甚佳。

6月9日　星期日　晴晚雨

譯作

校訂低度開發國家農業信用論第八章信用合作之譯稿，只修飾文字。

體質

月來鼻竇炎移至右鼻腔，每日排出鼻涕二、三十次，嗅覺時靈時否，三年前開刀時之患處左鼻反似已經正常。

6月10日　星期一　雨

職務

為聚苯乙烯申請管制進口資料趕辦草案，上午會同周煥廷、孔繁炘二君排除萬難設法產生，交林天明經理明日持赴台中商洽，其後知業務與採購兩方面竟明日尚不能交卷，始知局部之緊張殊無用也。下午舉行業務會報，討論事項以工廠為多，余亦提出三事，一為去年營利事業所得稅查帳之期即在目前，聚苯乙烯五年免稅事希望能早獲核准，以免屆時因不能提出證件而補稅，二為高雄廠土地稅補繳三年半，勉列六月份管理費用，三為回收原料應從低作價，將會商決定辦法云。

6月11日　星期二　雨

職務

建設廳鍾君來告，今日上午財政部召集會議討論免稅案件，列有本公司聚苯乙烯五年免稅案，但因經濟部工礦技術室無人前來，致又延期，詢之經手之林天明

君，謂經濟部方面認為已將意見告知財部，不須參加，財部則認為其意見仍有不肯定之處，故須開會解決，如此恐又將拖延一個時期，而本公司去年所得稅結算在即，恐難免就去年之聚苯乙烯銷量加算所得稅矣。回憶自申請至今適為二年，而仍在遷延不決之中，於政府之行政效率真大有問題矣。

6 月 12 日　星期三　晴陣雨

職務

編製五月份 Capital Expenditure Report，計本年度一張，1967 Carryovers 一張，此一 Carryovers 尚須繼續編製，直至各項流用數字付清為止，其時恐將近年終矣。1965 年業務部分售出墻磚 18,000 元，至今未收到帳款，今日業務處忽來信主張將該款註銷，謂係虛帳，並未售貨，經查核當時帳項，知付出成本現金一萬七千餘元，乃作復函，請將成本收回，或由客戶收回並如數清付帳款。

師友

上午訪黃秋岩兄於台大，託為紹因進行轉系於植物系或園藝系，黃兄知紹因分數在八十以上後，認為可無問題，將面向植物系主任提出。

6 月 13 日　星期四　雨

職務

上午，參加莫比公司與趙廷箴雙方股東談話會，商討今年增資四百萬元一案，將俟莫比公司同意趙氏股

票轉讓以便節省所得稅，然後再召集股東會改為增資二千三百萬元，以湊足五千萬之數，咸以為如在二、三個月以內召開股東會，在此期間對於稅捐處之強制增資或強制歸戶課稅恐不難應付云。寫作五月結算表之解釋文字，以便將表送紐約。

6月14日　星期五　晴

職務

美孚公司接辦本公司產品總經銷業務，本約定每五天將銷貨開單送本公司記帳，但已半月過去，尚未見送來，電話催送始將一至五日寄到，又因資料不全無法應用，乃即以電話通知高雄廠，速將協助該公司開出發票之加製副本寄來備用，此為以前記帳所用，現在只好沿用矣。本公司申請聚苯乙烯管制進口，本已將余之有關資料開送總務處彙總，且上週六已準備於星期一即完成，而總務處又延至今日尚未完成云。

交際

中午，市黨部主委梁興義回請山東國大代表全體於會賓樓。

6月15日　星期六　晴

職務

昨日有二事影響本公司今後業務，一為公布修正貨物稅條例，塑膠貨物稅由 17% 提高至 23%，如聚苯乙烯漲價，將更影響銷路，二為甲醇管制進口，此為長春今後之獨占市場矣。

交際

晚，文化學院與合作金庫在英雄館約宴，到全體文
化學院合作研究所研究委員與理事。

娛樂

晚，趙筱韻小姐約余與德芳到國軍文藝中心看戲，
其姊復芬演別宮祭江，字正腔圓，進步極速，大軸為李
金棠之三家店打登州，亦甚緊湊。

6月16日　星期日　晴

閱讀

昨日出版書和人半月刊，有費海璣作法國小說家普
斯特（M. Proust）研究，為一力作，普氏以人生為短暫
的虛幻的，一切在時間演進中皆為白駒過隙，然文學得
恃回憶而使之變為永恆，又其愛情觀亦鞭辟入裡，氏謂
愛情只在幻想中延續，兩情相悅不過為偶遇而合，或短
期間之逐追姻緣，氏之悲觀色彩頗深，但不絕望，彼以
為思慮無時停歇，故曰綿延，在不止息之奮進中，道德
與宗教於以形成焉。

6月17日　星期一　晴

職務

因本月二十日為銀行上期結息，不對外營業，本月
份發薪須提早為十九日，乃於今日趕製薪俸表，其中有
一極繁瑣之事即兩工役之加班費，去年曾核定為因同仁
加班工友須同時照料，故按半數發給，但余見今日由總
務金君交來之工役加班費班表竟超出同仁加班數倍，金

君云除同仁加班照料外，尚有高級人員在辦公室打橋牌
與辦公時間外學日本文等，亦當作為加班，余因與原核
定之以職員加工為限者不符，拒絕列入，金君乃改從狹
義算法，每工役由 170 元減為 40 元。

6月18日　星期二　晴

職務

中午，與葛副總經理參加長達公司聚餐，討論公司
預算與辦事章則，並兼及福美林售價之改訂等，蓋此為
與長春、李長榮之甲醇聯營機構，而福美林之變相聯營
亦為此三家也，又決定福美林之平均貼補每月結算一次
之月份為六月份，此後改為三月一次，但其數額仍為每
月一次云。

娛樂

晚，看藝專音樂科第七屆畢業演奏，鋼琴、提琴、
聲樂皆有成就。

交際

隋玠夫兄約晚餐，為合作金庫月刊平時寫稿之同仁
聯歡。

6月19日　星期三　陰雨

職務

為合作外銷發票開外銷價而仍完貨物稅，且列入納
稅旬報表事，高雄廠感覺困難，余與高銓及華夏張敏二
君討論，認為只有保稅之一途可解決此困難。趙董事長
因調業務經理與董事會秘書吳幼梅赴華夏，面囑葛副總

經理與余分接其事，余允事實上幫忙，趙氏將考慮以林天明任名義，故尚無結論。

娛樂

晚，同德芳到國軍文藝中心看平劇，劉玉麟主演博浪椎，為新編之歷史劇，情節不枝不蔓，於張良重要事蹟均能靈活表現，劇名可稱「張良傳」也。

6 月 20 日　星期四　雨
職務

本公司代 Mobil 紐約加工 Cap Wrap，原料保稅進口明日滿一年，成品尚未出口，申請延期出口之公文今日始辦出，而工廠則來函謂海關囑到期補稅加滯報金，余詳查關稅法，知工廠頗有誤解，且高君詢其他公司，亦證實此項延期申請稍遲無妨，並無罰金根據，因之對工廠請款函予以駁回。馬副總經理對全體同仁宣布下月十二日離職休假，及莫比公司未有新人接替前過渡時期辦事辦法。審核高雄廠函送五月底止 Cap Wrap 計劃之工作情形，成品數目，墊款金額，應收手續費數額等。

6 月 21 日　星期五　雨
職務

自本月十七日提高貨物稅稅率而本公司之塑膠類應稅品聚苯乙烯與電木粉並未漲價，於是售價低於成本，尚未知將如何肆應，現又面臨一項問題，即計劃中電木粉將增購設備，擴充生產，高雄廠 AFE 之填就，但按現在成本高於售價，此一 AFE 如何提出乃大成問題矣。

娛樂

晚看文華票房公演平劇，由汪慧姑、崔富芝、余嘯雲、劉復雯、張道和合演四郎探母，其中最突出者為余之蕭太后，唱做無不爐火純青。

6月22日　星期六　雨
職務

關於聚苯乙烯之按外銷價格辦理內銷先收差額保證金，俟其外銷證件交來再退還保證金之收取貨款方式，已與美孚公司及本公司業務處洽定，將保證金收據空白置於開發票之美孚人員處，於開立發票時即行開好，只待收取貨款人員攜同至客戶處一同收取，因而在預行編號之收據上加蓋「憑收款人加章有效」字樣，以資慎重，又收據上須貼印花，美孚公司亦先電話相告，將向本公司收帳云。

交際

晚到天母參加趙總經理生日自助餐，且有若干客人先到玩牌者。

6月23日　星期日　陣雨
體質

鼻疾近來又有新情況，自一月來右鼻流出鼻涕，每小時三數次，左鼻則正常，喉頭亦正常，但數日來右鼻之分泌又減少，且色不黃，惟有時喉頭突然有阻塞感，旋即咳出一團如右鼻之涕同樣，又不似以前在喉頭須用力始能擠出者，故此項情況與昔日又完全不同，未悉係

轉好抑惡化之徵。數月來出恭習慣自早晨皆有一次，與
數年來無異，但每兩三天輒在下午增加一次，不知是否
有其他原因。

6 月 24 日　星期一　晴
職務

　　兩年來申請之 54 年未分配盈餘增資與償還借貸資
金緩扣股東綜合所得稅案，現在又發來一種調查表，每
一貸款或分期付款須填寫一張，其中各種應填事項大體
上均可合理照填，只有一項「自有資金或借款歸還」，
此一項目極為不通，除非借來長期資金明白用於還債，
其在短期頭寸調撥上言之，此二事應無劃分餘地，且所
謂借款還債，豈非表示並非用未分配盈餘，使人有故佈
疑陣，設阱令陷之感，不知何竟拙劣至此。

6 月 25 日　星期二　陣雨
職務

　　本公司聚苯乙烯經銷商安達公司在財政部解釋貨物
稅廠商須完納營業稅，奉萬華稅捐分處通知，代本公司
扣繳兩年營業稅計十六萬元餘，原欲抵銷今年貨款，因
本公司不肯同意，但亦未將其相當扣繳額之貨款解清，
數日前行政院解釋此項營業稅不溯既往，然安達亦未表
示如何申請退還扣繳之款，為表明本公司立場及該公司
之責任，今日去函囑其將貨款依約付清，並囑營業負責
人貝君與其口頭接洽。

師友

　　晚，崔玖與崔中兩姊弟在寓宴客，為崔唯吾師夏曆八月十九日七十生日籌備事，其中抗戰前資料將印送賀客者，擬由余加以整理，余表示願意從事。

6月26日　星期三　晴陣雨
職務

　　馬副總經理語余，務望此次吳幼梅君調赴華夏，其原兼之台達董事會秘書余勉為其難，不再謙辭，余允暫時接辦，但仍不作永久之計云。為甲醇內銷聯營與長春、李長榮所定合約須各提十倍於出資額之支票作為違約保證，今日即開出支票370萬元，未填日期，未製傳票，即憑葛副總經理簽請趙董事長加批之文作為依據，其文由余存卷，並囑出納員將支票存根詳細註明。
師友

　　乘去交通銀行存款之便訪王慕堂兄，探望其疾，據云依然四肢無力。

6月27日　星期四　晴
職務

　　到中央信託局為長達公司接洽租用保管箱，為三家股東保管所提供之保證支票，歸報葛副總經理，請其與長達接洽派人往辦。與總務處洽商關於查帳人員數年來一再提出之備用金合併事，決定將總數由五千元加至一萬五千元，出納之現金庫存取消。寫作本月份工作報告，因在寫作時所依據之要點係將銀行借還款部分另

列，致在寫好後始發現，但不再加入，好在本月份兩
家銀行之借還數字大體相抵，等於未增未減，省略亦
無不可。

6 月 28 日　星期五　晴

職務

上午同金君到國稅局晤今年擔任本公司營利事業所
得稅藍色申報之查帳人員黃福和君，渠認為前昨兩年之
25% 免稅工程完工證明必須在核稅前提出，否則勢須
補稅，又囑將銷貨與退回折讓等數字開列，以備查核，
並約定於明天帶帳前往云。填送中央銀行調查公司四年
資金流量表，實為過去四年之簡明資產負債表。

體質

下午到聯合門診看鼻疾，已久未就診，醫師仍不
能說出所以然，僅開點鼻藥一瓶，亦僅求治難過於一
時耳。

6 月 29 日　星期六　晴

職務

到市政府建設局一科一股與股長周國雄談其再度來
公文囑送聚苯乙烯（發泡）建廠計劃，原為已送，究需
要何似，渠云本公司所送為經濟部未提用何年未分配盈
餘建廠，須送建設局附股東會紀錄始可，余詢以何所依
據，渠亦不能明言，余告以不可一成不變，且兩年來稅
捐處均承認，市府何以不恤民情至此，言下不自覺聲色
俱厲，彼謂將請示經濟部，余謂可以，但又中其拖延之

計，事後深悔態度不應如此。

參觀

　　下午同德芳到歷史博物館看張大千長江萬里圖，確
為力作。

6月30日　星期日　晴陣雨

交際

　　中午本公司全體同仁在新店十二張路容石園舉行園
遊會，以代春季旅行，並歡送馬副總經理調回紐約與吳
幼梅經理轉調華夏公司。此園為近年阮氏經營，花木扶
疏，且有泳池，其中盆景尤多，竹類亦有異種，為台北
名勝之一。本公司人員與眷屬計七、八十人（余五人）
全部參加，而菜餚準備不豐，為美中不足，飯後大雷
雨，只在室內欣賞雨景，未能遍遊全園。

7月1日　星期一　晴
職務

下午參加本公司與美孚公司聯席會議，討論一月來該公司代理業務之種種問題，余所提出者有：（1）該公司五天報表與 Delivery Order 不能對照，且欠迅速，因上月營業稅須於十日申報，而電報損益於紐約又須於七日拍出，故希望上月銷貨資料必須於本月四日前到齊，又 D/O 原來與統一發票脫節，希望切加改進，該公司均允於七月份改進；（2）六月份佣金因該公司代理業務尚未登記完畢，暫緩計算；（3）應付本公司之三同仁待遇，可由應收佣金內扣除；（4）六月份應收帳款如有與以前混合者，可以雙方劃帳方式轉記，避免找算現金，及遠期支票不易重開現期支票。

7月2日　星期二　晴
職務

填寫上半年所得稅扣繳資料申報表，全部扣繳憑單共五十份左右，均以統計方式歸入此一總表，事先將每月剪貼之薪津彙總表交高小姐，據以將所得額與稅額再加彙總，並逐一填寫扣繳憑單，余再將報繳書每筆金額填入申報表下端，二者所示稅額完全相同，證明無誤。其中只有一個漏洞，即有一人先支佣金後改薪津，一月內兩次減除免扣額，無法處理，只好作為兩張憑單矣。填製三個半年損益比較表備擴大會報用，上半年六月份不及等候，改用預算數加入。

7月3日　星期三　晴陣雨
職務

後日舉行擴大業務會報，必有各部門作簡單報告之節目，故於今日寫上半年工作提要一件，舉事凡十，財務居其五，會計居其五。以電話催詢美孚公司請務於明日將上月份發票資料交來，以免延誤月算。向華夏、友寧探詢貨物稅原料保稅出廠手續，因高雄廠對此未有了解，故詢後立即復廠函，請洽交通銀行辦理。
交際

晚，外資公司舉行本月份聚餐，由 ESSO 公司召集。

7月4日　星期四　晴
職務

因發泡聚苯乙烯工廠之完工證明向市府建設廳申請發生阻力，經一再探詢個人關係，始略有頭緒，上午同本處孔君訪市府一友人，託其轉向建局主管股周國雄君投遞本公司解釋公文，並約期餐會，主要目的為使其勿因本公司之申請未經建廳而向經濟部請示，以致曠費時日而延誤藍色申報核稅云。
旅行

下午四時半由台北出發乘觀光號火車赴高雄，十時半到達，即住入高雄廠預定之克林飯店。

7月5日　星期五　雨
職務

在高雄廠舉行擴大業務會報，上午為兩副總經理致

詞，高雄廠各部分主管報告，並隨時討論，下午繼續開
會，總公司各部門報告，余將上半年財務按資產負債之
變遷略加說明，並報告在現行財政政策下稅賦增重，感
覺下半年不甚輕鬆，今日各部分報告完畢後，有馬副總
經理對各與會人員分致惜別之意，大體均甚切合，對余
三年來之貢獻，備致讚揚，惟全部演詞總難免使人有辭
令太多之感，下午攝影並由全體工廠員工邀宴。

7月6日　星期六　晴

職務

關於高雄廠回收料作價問題，因原來為數不多，且
影響成本不大，故未注意，現在情形漸形嚴重，與朱課
長討論，初步決定用折扣法在盤存後看其增加數量而在
帳面以銷貨成本與原料貸方差額兩科目轉帳，每半年一
次，惟工廠有主按每一批次計列者，太為繁瑣，尚未作
最後決定。

旅行

中午十二時由高雄廠乘觀光號火車北返，三時到台
中，與德芳約定在此相遇，出站相遇，即同往意文飯店
住三〇一號房。

7月7日　星期日　晴

家事

紹彭之女友孫愛禎小姐約其遊彰化，適余有高雄之
行，乃與德芳約定同至台中，由紹彭在彰化約孫小姐來
台中一晤並午餐，余與德芳則於晨間赴市場買水果，又

至公園乘涼，歸後不久，二人即來，並同至一福堂午餐，孫小姐不多言，似甚沉靜，不阿時尚，德芳與余印象均甚佳，飯後略為休息，彼等自去彰化，紹彭則晚間北返。

旅行

下午三時偕德芳乘觀光號火車回台北，於六時一刻到達。

7月8日　星期一　晴

職務

辦理六月份損益預估，結果比預算低出多多，其中最大原因為聚苯乙烯出口太多，並無盈餘，又在本月份負擔過去三年半之地價稅近四十萬元，結果預算八十萬元，實際只二十萬元。下午莫比公司代表董事 Stark 約余與葛副總經理談最近董事會應辦之事，其意為催會計師速將今春申請之九百萬增資案辦結，一面由余另即早日草擬兩月後之增資二千三百萬元之議程與決議案云。

慶弔

上午到善導寺致祭趙季勳氏逝世十周年紀念誦經。

7月9日　星期二　晴

職務

發泡聚苯乙烯計劃向花旗銀行貸款九萬二千元，原議為五年十次還清，余本擬明年開始，但向外貿會申請外匯案所送之還款表，則為今年一月開始，該表未含 knowhow 費三萬元，今年一、七兩月各還 6,200 元，正

考慮是否請匯，現在該行因政府限制放款不得過一年，
乃要求本公司對去年所付已滿一年之部分計一萬元先以
出口外匯歸還，（該行放款帳不分別處理），余因本公
司帳上劃分甚清，挪移支配，易滋外貿會誤會，故允之
請，將一、七兩月數於月底前歸還，其餘另作安排，因
尚須數月始滿一年也。

交際

　　全體同仁公請馬副總經理，馬君逐一表示過從感
想，歷時甚久，最後由葛副總經理致詞，余則非正式以
談話式表示此段共事為生平最愉快之經驗云。

7 月 10 日　星期三　晴

職務

　　馬副總經理將於十三日離職，自是日起留存各銀行
之印鑑將劃去馬君之簽章，余今將新印鑑卡片逐一備
就，其中空白皆已先由孔君索來，但印好以後余又發現
尚有不足之處，一為華南銀行有甲、乙種存款與定期存
款，須有印鑑卡三份，但只有一份，又有存退職金之
交通銀行儲蓄部亦有漏索，乃又將此二者補辦後，準
備發出。

7 月 11 日　星期四　晴

職務

　　上午到國稅局辦理上半年綜合所得稅扣繳申報，由
潘文雄君經辦，未填逾期申明書。下午到花旗銀行與
楊、莊兩君談本公司長期貸款如何與外銷貸款相配合，

使該行帳上完全變為一年內短期貸款，其意為儘量以出口結售之外匯先還其器材長期貸款，使其帳上不致有一年以上之貸款，余允即以申請之外匯一萬二千餘元先還現在已滿期之一萬元，其餘數月內即將到期部分，另謀辦法。

7月12日　星期五　晴

職務

因 Expandable Polystyrene 計劃完成，六月份資本支出表內之累計支出數已接近預算額，經與工程部分檢討內容，大致相符，只若干費用之發生為原預算所未列耳。編製六月份資本支出表，發現去年移來之 EPS 計劃供工廠一般設備用部分三十餘萬元，半年來均列工廠一般項下，如立即調整，轉入 EPS 內後結餘額低於上月，故暫時不予調整，以待下月支出增加，不致逆差太大。

交際

馬副總經理在職至今日止，余持贈 *Chinese Painting* 一冊。

7月13日　星期六　晴

職務

撰寫六月份會計報告之 cover letter，雖已寫好，表亦製就，但因今日只工作半天，打字工作待後日完成，今日只將電報發出。藍色申報查帳工作開始，今日稅務員黃君來查詢有關事項，建設廳鍾君來告今日財政部召集之會議於討論本公司 PS 免稅案時，又因經合會人

員態度灰色，未有結果，延至下次。

交際

　　請建設廳鍾君午餐，談及建設局對本公司申請發泡聚苯乙烯建廠完工證明吹求手續種種留難，鍾君謂現在省方對於公司在北市而工廠在省者，仍接受申請云。

7 月 14 日　星期日　晴

師友

　　晚，王培五女士來訪，其子彤偕行，謂將於最近為故敏之兄塋葬於六張犂，墓地九坪，擬有事略一件，將刻於墓前，囑余對文字一閱，余見所寫甚簡要，無可修改，僅首尾稱謂以為太陳舊，主張顯考改「先父」，未亡人改「妻」字，又文內對張兄死因云「罹難」，極為含蓄，亦可見此時此地著筆之難也。

7 月 15 日　星期一　晴

職務

　　編製六月份 Capital Expenditure Report，包括本年度支出與上年度 carryovers，本擬將本月份轉入設備帳開始折舊之 Expandable Polystyrene 計劃告一段落情形予以說明，但因今春 Samson 來此時曾將計劃內一部分略裕款項移為其他項目之採購，而目前尚在採購之中，預算尚有美金萬餘元未曾動用，故擬俟最後移用部分支用完畢時，再予說明云。

交際

　　晚，同周、孔二君在第一酒店請市政府建設局周

國雄股長等六人（內含工務局作陪人員張專員與陳技士），為希望加速辦理擴建完工證明事。

師友

崔唯吾先生交來囑整理之生平資料，備七十壽辰用。

7月16日　星期二　晴

職務

填製中華開發信託公司之第二季季報表，為借用開發基金所需要者。準備所得稅查帳補充資料，包括沙管 knowhow 等之合約、外幣債務特別公積之列計方式、毛利與純益降低之原因等，由周君起草，余校訂發出。

娛樂

晚同德芳看電影「吾愛吾師」（To Sir, with Love），黑人影星薛尼寶加主演，為一描寫倫理教育之感人影片，情節極其簡單，而發展則極不尋常，結尾輕快，不落窠臼，佳作也。

7月17日　星期三　晴

職務

編製七月份薪俸表，本月支出較多，有馬副總經理與吳幼梅經理各支離職獎金二個月，計四萬餘元，又有工友加班費本以與同仁同時加班者為限，現經總務處簽准擴大範圍，由彼等自報，亦超出甚遠云。已離職之馬副總經理現仍有時來公司處理其自己事務，今日語余彼仍將出資其他公司，小單位者可同時經營數個，並希望余恢復掛牌為會計師，如不肯則在數家湊足余之固定待

遇，余因所談漫無邊際，故只漫應，請俟從長計議云。

7月18日　星期四　晴
職務

編製第二季季報表送紐約，數字部分由周君任之，說明部分由余任之，但遭遇前所未有之困難，蓋應收帳款比去年同期多出五百萬元，一再逐月分析，始發覺六月底若干大戶結欠比去年同月為多，又當月銷貨亦多出百萬元，預付與暫記亦多出百萬元，情形複雜，又只能填出可以行諸文字之原因。到建設局訪周國雄股長，請速派定日程為高雄廠 EPS 設備查核證明，彼謂已簽科長請示經濟部，余託其不待答復，彼謂可照辦，並望與其科長亦最好說明云。

娛樂

晚與德芳、紹寧看電影「空前絕後」，為一奇趣影片，色彩甚佳。

7月19日　星期五　晴
職務

到交通銀行取來五月間紐約花旗銀行根據 Mobil 申請所開之擔保用 Clean Letter of Credit 函副本，其末本有抄送本公司字樣，但該行經查詢後始辦到也。與葛副總經理及金君討論 Polystyrene 五年免稅案懸而未准之癥結，咸以為關鍵在財政部林科長，此為以前所未知，以為在於工礦技術室，乃決定由金君往作試探云。

7月20日　星期六　晴
職務

上午訪市政府建設局張世飛視察，緣昨日彼曾來電話詢問本公司申請出具 EPS 工廠完工證明事，余即有往訪之意，至則知張君已將第一科送其核議之件送回該科，請再斟酌是否有請示經濟部之必要，經余將全卷及內容說明後，彼已知並不必要，允俟第一科處理時注意及之，張君極富朝氣，實事求是，為公務員中所僅見，今日孔君另以友人資格訪該局副局長，並介紹第一課長查詢，皆模稜兩可，顯為對案情多有隔閡，則又官氣太重矣。

7月21日　星期日　晴
師友

開始閱覽崔唯吾先生送來之主持時事新報資料，尚未看完，其中由上海代孔祥熙氏由張竹平手接辦起，即開始抗戰內遷，在渝復刊不久即有內部人事之變，此時危駭震撼，行政、司法與軍事當局皆須一一應付，最後始告無事，而內容究竟如何，似乎雖知者亦不能了解也，其中有李青選氏一信，對崔氏頗有諍言，謂此日之焦頭爛額，夙由接辦之初未思及如何交代云，此言可深長思也，現在閱覽目的為將擷取要點，為七十壽記事之用也。

7 月 22 日　星期一　晴
職務

關於聚苯乙烯免五年所得稅事，似關鍵仍在財政部，前經林天明經理負責接洽之財部科長林劍雄，現已由金君接洽，將以十萬元為酬，彼已應允，且計劃俟最有力之時機提出會議解決，又葛副總經理依據金君與林接觸之結果，進一步且將與財政部賦稅署長陳少書亦有所接洽，託其他公司之沈君前往折衝，今日囑余將案情經過與沈君提要一談，並將有關文件印成副本交其參閱云。

7 月 23 日　星期二　晴
職務

本公司新產品之電木粉五年免稅係今年一月核准，但二年半前已開始生產，除第一個半年因當年所得稅未達起徵點，根本無問題外，第二年即 55 年則已完所得稅十二萬餘元，其中電木粉營業盈餘在內，本應於獲准免稅即行申請退稅，因等待聚苯乙烯五年免稅至今，尚無結果，現決定不復等待，重新算出免稅比率，以及課稅所得，結果當年又為全部免稅，乃辦文申請退稅十二萬元，此為原來預料之事，如早知僅電木粉即可全部將稅退回，即不等待聚苯乙烯免稅之獲准矣。

7 月 24 日　星期三　雨
職務

核算今年營利事業所得稅，並填寫預估申報表，今

年之預估係依據月初馬副總經理之意見，認為聚苯乙烯
五年免稅可以獲准，又以未分配盈餘四分之一擴充設
備，於是得按最低之數額完納所得稅，約計十八萬餘
元，此項預估在事實上或可不致引起補徵之問題也。美
孚白敬尊經理來送最近之貨款與報表等，並假定如月底
該公司之正式代理案可以登記完成，即由該公司接開發
票，今後之應收帳款即由該公司記帳，本公司即以該公
司一家為對象云。

7月25日　星期四　雨

職務

　　核閱六月三十日之應收款明細表，發現有若干預付
或暫付之款項已為時甚久，而遲不歸還或不報銷者，多
係業務部分所為，該部分有一奇特習慣即往往代外界或
客戶執言，而不守其本公司絲毫立場者，亦有因離職
他就而對於其職分以內之事表示可以不再問聞者，殊
足異也。

師友

　　續閱崔唯吾先生送來在時事新報一段時間內之各種
資料，今日所看為函札，其中僅小部分與該報有關，大
部分為私人間之事務。

7月26日　星期五　雨

職務

　　到市府建設局詢周國雄股長本公司新廠完成申請證
明事，據云又簽回秘書室認為須請示經濟部是否可出證

明，但可先往看廠，乃往秘書室訪張世飛視察，張云周所簽無先往看廠字樣，乃再詢周，謂不必簽得如此之多，彼逕行辦理，余乃託其即順張意，不再請示經濟部，再三辯論，彼始有允意，但證明書不能確係以未分配盈餘，及完工日期只能寫日期不能寫「如期」，余均同意，乃再請張君將其所簽之件退回周君再辦，尚不知更有無其他變化云。

7月27日　星期六　晴陣雨
體質
上午到聯合門診看內科林祖權醫師診斷胸悶氣，查血壓為 144°，並作心電圖，留小便，X 光照膽，待下週續看。林醫師未作肯定判斷，似因資料不足，又看眼瞼後本囑看眼科，但後又謂不必，按此一悶氣現象，已有旬日，本日似略有舒展。
交際
中午與德芳在狀元樓宴客，到張中寧夫婦、張緒正、王培五、張彤、蕭萬語、黃德馨、童綷，另有童縉夫婦未到。

7月28日　星期日　陰
慶弔
上午到市立殯儀館弔祭王金祥兄太夫人之喪，在場守候至啟靈始返，因余體力不濟，未到六張犁參與葬禮。李漢鳴兄之子結婚，余因不適未參加，由德芳率紹彭往參加並送禮。

體質

　　下午食物減少，晚飯未食油膩，飯後並禁絕咖啡等食品飲料，八時半服醫師方藥 Felombrine，共六片，每片五分鐘，半小時服完。

7月29日　星期一　晴

體質

　　上午，未用早餐，到聯合門診照 X 光，先於九時照膽部一次，由腰後拍攝，閉氣為之，照後在外等候一小時，乃囑食油煎蛋二枚，又得半小時，重照第二次，方式相同；在食蛋前利用等候時間詢檢驗處，仍謂有食物或藥品皆不能驗血，及悉昨晚服用後未進他食物，又云無妨，乃由右腕抽血，詢以檢驗目的，謂在檢查肝臟情況云。

7月30日　星期二　晴

職務

　　到花旗銀行與其中、美各主管討論本公司長期借款之適當處理問題，緣該行去年曾函允以五年期進口器材與 Knowhow 貸款九萬二千元借予本公司，但因人事更動，其現在之主管則極不願承做長期放款，前曾商本公司以出口外匯挪還該項貸款，而該行仍以外銷貸款借給本公司，使以短期借款之名而仍為長期借款之實，今日因今年外貿會允結匯歸還部分之通知已到，余乃往以台幣歸還，並討論於年底前滿期一年之貸款如何歸還，討論結果除年底前將仍請外貿會准結匯三萬元歸還

knowhow 部分外，其餘結欠仍照原議分年歸還，但該行希望每季能在該行結售相當該項結欠餘額之出口外匯云。

7月31日　星期三　晴

職務

委託美孚公司代銷產品今日已滿二個月，該公司總務經理本通知定明日起改為由美孚自開發票，余認為自可照辦，然移時又來電話，謂有關部署尚未周全，故須再延一個月云。外銷品有一特殊問題，即越南方面所開 L/C 用 C&F term，但運費須按實列付，今日發現有多付運費未向進口商託收之事，成為本公司損失，乃決定今後對此項支付超出 L/C 所開運費之金額連同原有者，均作應收款記帳，超出部分則於結售出口外匯時辦理託收手續云。

8月1日　星期四　晴
體質

上午到聯合門診中心看內科林祖權醫師，自上星期初診後，即分別作心電圖、驗血、膽囊照 X 光、驗小便，今日林醫師告余所有檢驗結果及照片均報告正常，乃再度診察余之腹部，在用力按下時頗有疼痛之處，然又非上次診斷時之作痛部位，故林氏頗集中注意力於腸胃方面，囑余檢驗大便，但因須素食兩天，故第三天始可辦理，同時又處方服藥三天，係助消化之蘇打片一類，每日三次，余今日起開始服食。

8月2日　星期五　晴陣雨
職務

撰寫本月份會報應提出之七月份工作報告，仍分檢討應辦事項及報告事項二欄，討論事項本應列一題目，因資料不全而罷。華隆公司副產品售之本公司作原料者為甲醇，該公司送貨時按出廠量開出發票，但因成分與數量在運到高雄廠時略有出入，其方法歷係由該公司出具折讓證明書在每月底與送貨時之原始發票一同按淨額作帳，現悉稅務機關規定必須將原發票收回，按折讓後淨額另開，乃約定本公司高雄廠早將淨額算出，原則上於月底換開發票云。

8月3日　星期六　晴
職務

市府為 EPS 計劃出具完工證明事，據孔君到建設

局洽詢結果,謂現在問題為第一科長堅持必須先請示經濟部始能再往勘查,且本月份旅費已經用完,亦難派人,余與葛副總經理研究結果,決定放棄市府證明之申請,改向省建設廳申請,四個月之光陰完全虛擲,今日行政效率之縮影也。國稅局黃君再度來核對去年藍色申報有關數字,其所要者皆答應供給,惟其要求將未完工程完全加計借款利息轉計固定資產內,余予以謝絕,理由為未分配盈餘所作之借款只供業務之用,與此工程不相干涉,而自行調整之部分則因進口器材所用,只好減列(因係多為此一目的而支者),其餘應不涉及也,彼始無言,中午並約其在欣欣餐廳吃飯,尚有該局傅、彭二君。

8月4日　星期日　陣雨

慶弔

上午到市立殯儀館弔國大代表同仁黃錚之喪。

體質

胸部氣悶之情況較有好轉,但在心情激動之後,或身體勞頓之後,仍有此現象,又余向無疲倦之感覺,僅有時思睡,與中年時無異,今日忽感遍身無力,即些微之勞亦不願為,不知係何表徵。

8月5日　星期一　晴

職務

上午到花旗銀行借入外銷貸款新台幣一百萬元,即往合作金庫存入,以供支付今日到期進口購料款二

百四十萬元，其差數則為數日來催收貨款之結果。下午
到美孚公司參加推銷工作會報，余所提問題有二，一為
銷貨折讓由本公司許可者則由本公司負責，由美孚許可
者則由該公司負責，二為本公司支付美孚佣金，以淨銷
貨為計算基礎，六月份曾按毛額計算，應予沖回。

交際

　　晚，約紹彭之家庭教師彭鼎星君及其未婚妻葉小姐
晚飯。

8月6日　星期二　晴陣雨

職務

　　與暫時在本公司居住辦公之 Stark 作半天討論，其
主題為：（1）填寫紐約寄來之股份調查表，（2）計劃下
次董事會及股東會應辦事項，（3）檢討二年前為股東緩
扣綜合所得稅事，對稅捐處及國稅局行文，以及不能核
定之障礙，彼將報告紐約。與各同仁討論上月發泡聚苯
乙烯幾乎停工之機器折舊問題，余認為仍應照折。又檢
討保險費分擔問題，自七月份起作合理之調整。與美孚
公司討論七月份統一發票內之特殊問題，並作決定，以
便確定銷貨金額，電報紐約。

師友

　　晚與德芳訪李公藩太太，因其三女星期六結婚，詢
有無可以協助之事。

8月7日　星期三　晴
職務

由於美孚公司代銷本公司產品之未能規律化，以致上月銷貨至今日尚未能達成一確定數額，而照例應於今日發出之電報於紐約，亦不能如期發出。臨時駐本公司辦公之 Stark 今日繼續其無休止之查詢工作，經將其所要之緩扣股東所得稅案及增資登記案有關資料檢送，彼又要求送中英文本公司章程，經查卷並詢明原主管吳幼梅君後檢送，彼又要求對原來之譯文定稿，逐字核對，結果發現甚多差異，吳君亦忘卻其原委，無已，只好按定稿重打。

交際

晚參加外資公司會計人員餐會，此次由永備公司召集。

8月8日　星期四　晴
職務

辦理上月份損益預估，此月共益五十餘萬元。稅捐處核藍色申報人員再來查核有關數字，云已完竣。前馬副總經理堅約余參加其已洽妥之與 Sycip 成立 Mgt. Svc 計劃，余以年老不勝繁劇為詞，不願擔任，彼約余再行考慮。

體質

再就診於林祖權醫師，云大便無蟲卵，氣悶症先服藥十天再看。

8月9日　星期五　晴

職務

為申請證明發泡聚苯乙烯設備如期設置完成一案，市政府不肯合作，今日重辦一公文向建設廳申請，並印製附件。為董事 Stark 提供有關公司股票所以不能迅速發行之理由，及有關股東綜合所得稅緩扣之遲遲不能核准等情形，彼擬就報告一件送紐約，先交余核閱，余指出數處須加修改，一為先繳清稅款申請複查乃根據律師會計師意見，二為若干指明日期等處皆不合事實，彼均一一修改，此人仔細而瑣碎，所寫甚扼要，惜費時殊太多耳。

8月10日　星期六　晴

職務

為Stark 編製一項預估表，預計 54、55 年之緩扣股東綜合所得稅如土地債務計算在內，現在已經清償完畢，可以申請發行 54、55 兩年增資股票，如不准將土地計算在內，即尚須二年之久云。

交際

中午，與德芳赴童世芬夫婦之宴，在座為其戚屬居多。

集會

下午參加黨校同學茶會，方青儒兄報告其交卸勞保會主委之經過，甚多曲折，政治因素為多，又勞保本身業務有待改進之處亦極不少也。

8 月 11 日　星期日　晴
師友

　　上午，崔唯吾師及師母來談崔師十月十日七十壽文字事，余將所擬之時事新報部分資料寫作大綱凡分三項者送閱，並決定文字不妨求詳，此次不及印出，可先打印部分定稿在壽堂展出，又余將先於月底前以千字以內之將此段經過加以簡要敘述，以便交負責撰寫壽序文字等納入其中，因此事頭緒繁多，商討二小時始竟。

8 月 12 日　星期一　晴
職務

　　下午舉行業務會報，首由趙總經理報告訪美觀感，並備述莫比公司有意在台灣建立基礎，並為推銷其原油而博得中國政府好感，故不會放棄在本公司之投資，並謂該公司將派一總經理主持本公司業務，但人選未定云。今日會報由葛副總經理主持，照例於書面外補充討論資料，余提出問題有二，一為發送顧客樣品、贈品仍由業務處發 A. O.，二為本月 PS 加工廠有全月停工可能，所有間接製造費用與折舊應如何負擔，決定作為銷貨成本內停工損失列帳。

8 月 13 日　星期二　晴
職務

　　今年藍色申報，應提出進行兩年使用兩年未分配盈餘之發泡聚苯乙烯工廠完工證明，但其中第一年 150 萬元在計算所得稅時扣除後未有課稅，現在完工證明尚未

獲得，勢必暫時補稅，然若將該年未算之電木粉五年
免稅算入，仍然可以不予課稅，余今日即將此一說明公
文備就應用，至於第二年即 55 年曾完稅 12 萬元，後依
電木粉五年免稅計算，申請如數退稅，現在 55 年須補
完工證明缺如之稅，余要求將二案合併處理，今日經辦
之袁君以電話相告將與審核藍色申報之黃君合併辦理此
案，但彼意 54 年部分可以不屬緊接之年度為由不予置
理云。

8月14日　星期三　晴

職務

　　編製七月份資本支出月報表，因以前月份對於各計
劃之劃分未臻十分清楚，故有加調整之必要，調整後各
項目有不增而減者，自與實情有不合處，故須加以文字
說明焉。寫作上月份會計報告之 cover letter，所有項目比
之營業預算皆有減少，經一一分析其原因，最重要者為
Expandable Polystyrene 原列收入三萬餘美元，只收入七千
餘美元，相差太遠云。

8月15日　星期四　晴

職務

　　本公司與美孚公司之代銷工作現在為第三個月，上
午該公司財務經理白敬尊持來一項新草約，準備於下月
份開始，此因過去三個月未有登記代銷業務，現在登記
奉准，可以正式向稅捐處報備，並適用改由該公司開出
發票之辦法，余核閱後略有意見，即送葛副總經理。

交際

晚，到第一飯店為畢圃仙第三子結婚道喜。晚應美孚公司財務部邀與本處同仁在狀元樓聯歡，到者該公司白敬尊經理，及蔡、廖、王、吳、王諸君，本公司為余及周煥廷、孔繁炘、王昱子、高秀月、王淼等。

8月16日　星期五　晴
職務

編製本月薪俸表，因等候加班費資料，直至下午下班後一小時始行竣事。臨時派在本公司調查之Stark今日又與余談公司一般情況，多為有關會計、稅務、財務等項，又涉及人事資料，索去空白之人事卡片一張，其中二頁為中、英兩文，另有一面全為中文，渠詢其中分欄內容，余乃為之作概要之翻譯，談竟即見其又備函一件報告紐約。

8月17日　星期六　晴
職務

上午到苗栗長達公司檢討業務，同行者葛維培、林書鴻及李長榮木業公司李、劉二君，到達後先在公司由陳卿玉經理報告業務，因盈餘太多，發生所得稅太多問題，暫無良策，中午聚餐，並有長春石油化學公司工廠廖廠長與林、徐二副廠長參加。下午參觀長春工廠，此為台灣唯一生產甲醇之工廠，由數位工程人員建立，現在兩年，其特點為高熱將天然氣之成分予以分解，復以高壓變氣體為液體，再經過濾為成品，廠內次序甚好，

供水來自河畔，工程人員皆為青年，是其特色。

交際

晚參加彭鼎星君之喜宴，為紹彭之教師，故攜之同往。

8月18日　星期日　晴

師友

上午同德芳到普仁診所探望張志安師母之病症，據云五天前來院駐診，每日寒熱以下午為高，現在漸漸減退云。

交際

晚，前馬副總經理在美軍軍官俱樂部宴請本公司全體同仁，並有華夏及其他公司客人陳、沈等三、四人，據悉其今日所請有二人有眷屬者，亦有少數人有請柬，而多數人則皆透過本公司總務人員之口頭通知為之者。

8月19日　星期一　晴

職務

舉行 1969 年 Profit Plan 第一次談話會，對編製問題作廣泛之交換意見，此次編製方面最不同之點為 Sales Forecast 不由自辦，故須等候總經銷美孚方面之資料，此其一；新工程方面因現無主管之副總經理，而總工程師與總經理間尚未直接協調，故作何計劃與進度如何，不能確定，故明年有無新產品或舊產品增加量，本應在 Sales Forecast 內列入者，亦不能立即提供，經決定從速作開展準備。間接製造費用原按人為百分比攤於各產

品，今日討論可否改用薪給額為標準，因聚苯乙烯將太高，未獲結論。

8月20日　星期二　晴
職務

舉行與美孚公司業務會報，多為關於銷貨方面之問題，最後始談關於自下月一日起之正式委託推銷合約內容，余於事先與葛副總經理將應提之點提出，已無問題。馬前副總經理告余其參加 Sycip Management Services 已具體化，前談約余參加一節，將俟其一個月後赴美一行再行決定，並悉趙總經理頗不同意余離台達，詢以是否談過，謂非正式的談過云。

8月21日　星期三　雨
職務

編製七月底「應收帳款其他」明細表，此表本為每月按帳抄列，數月來余每次送馬副總經理轉趙總經理，均不知下落，亦未再問聞，今日重編，內容除少數同仁借支外，皆為趙氏借款及 Mobil 墊款等，趙氏借款為其本人經由 Mobil 之 C. C. Fisher 面允由公司送趙氏特酬 30 萬元，當時係列應收帳款其他，自七月份起轉列業務推廣費，已支十萬元，尚欠 20 萬未轉，此種轉法為非對人費用，因而趙氏可以不完所得稅，但公司無單據，故於報營利事業所得稅時，須加已剔除，亦即由公司負擔百分之十八所得稅，此點亦為 Fisher 所同意。

8月22日　星期四　晴

職務

到工商協進會出席賦稅問題座談會，題目太寬，包括貨物稅、營業稅、所得稅、公司法、獎勵投資條例等，不易深入。編擬最近舉行之董事會股東會議程，連帶的複核數月前所擬增資方案內按股東所列之附表，發現其中極多不妥之處，且有所採股息數字不能按股訂出單價，百思不得其解者，此等事若非因精力衰退，顧到其一面遺落其二，即係忙中未加深思之故也。

8月23日　星期五　晴

職務

前向市政府建設局申請出給發泡聚苯乙烯建廠完工證明，幾經交涉，該局仍然非請示經濟部不可，本公司為表示立場，今日辦文致經濟部呈報已經完工，並已由稅務機關予以減免所得額之處置經過。與美孚所定代銷合約由彼方擬就後，余於今日送蔡六乘律師核閱，彼對文字方面有所更動，多為原文不明顯之處。高雄收到退稅款二百餘萬元，本應明日調來，但余恐明日再匯回高雄還交通銀行透支萬一因時間延誤將損失兩天利息一千餘元，乃電話通知就近代還二百萬元，以餘額匯來。

8月24日　星期六　晴

職務

重新依趙總經理意見辦理估計增資二千三百萬元，及發現金股利一百三十五萬元各股東之現金收付狀態，

作成一表。

寫作

　　下午，就崔唯吾先生交來之煙台黨務資料與時事新報資料，寫成七十壽序內應包括之兩項事實述敘，共計一千五、六百字，下午崔氏曾來談，余告以此兩段可即交卷，至於應寫之時事新報詳細經過，則壽辰之前只能有一開始而已云。

8 月 25 日　星期日　晴

慶弔

　　故同學張敏之兄被害已二十年，其幼子將出國之前夕，為卜葬骨骸於陽明山第一公墓，並定於今日安葬，上午同德芳到中山堂乘所備交通車出發上山，同行者三、四十人，皆張兄生前友好同事，有從員林兼夜趕來者，意至誠也，安葬典禮簡單隆重，皆照固有習俗，未參宗教意味，禮畢下山。

游覽

　　途次新北投時與德芳下車至僑園午餐並游覽，酷暑中頗有園林納涼之勝，可謂忙裡偷閒也。

8 月 26 日　星期一　晴

師友

　　上午到普仁診所面交崔唯吾先生前日所擬之壽序用文字兩段。

職務

　　上午，臨時在本公司工作之 Stark 向余詢問有關增

資方案之擬定，與增資步驟等，其主張將 1,400 萬元之
特別公積轉作資本，由余備函董事會說明原委，余因此
事非余所主張，余且因須代股東完稅，並不贊成此事，
但渠一再相強，余始首肯，又討論去年盈餘已經決議增
四百萬為資本，此次又增五百萬元，余主以後者歸併前
者，以免轉帳發股之不易分割與增加趙總經理讓股前之
稅負，但彼不以為然，尚無結論。下午，開美孚台達聯
席會議，討論 1969 Profit Plan 之銷貨數字。

8月27日　星期二　晴
職務

　　為 Stark 赴港與 Mobil 討論明年與本公司有關之業
務計劃參考之用，而編成 Breakdown of Sales Revenue
by Products，列出去年及今年上半年之產品別內外銷金
額。下午與Stark 繼續討論增資問題，彼堅持四月間增
資四百萬元應與計劃中之 1,900 萬元分開辦理，對於其
中之稅負問題主張與律師會計師研究。55 年所得稅因
須加入電木粉免稅計算，曾申請退稅，同時因該年利用
未分配盈餘擴充設備未得完工證明須補稅，二者合併處
理，以相抵銷，國稅局公文已到，此項同時辦理之好處
為免稅所得可有五十餘萬元之超過限度，以與擴充設備
之應稅所得 315 萬元相抵銷，換言之，如採用退補分別
處理方式，則可退之數應以已完之稅為限，而應補之數
則須照 315 萬元計算，雖將來完工證明取到仍然可退，
然墊繳之數太多，勢為一種負擔也。美孚白敬尊經理來
將打好之代銷合約面交，其內容已將本公司託蔡六乘律

師修改之點加以容納，該公司希望明日能用印完畢，俾報命稅捐處分處。

8 月 28 日　星期三　晴
職務

重新計劃分配盈餘事，並依 Stark 所擬之分次分紅辦法，將四月間之分配四百萬元單獨計算，未來之股東會則再度分配去年盈餘五百萬元，特別公積金一千四百萬元，並假定在此二事之間趙董事長轉讓其股份，從而在第一次之四百萬中所應獲得之緩扣綜合所得稅利益必須喪失諸事實，而編製兩次之分配詳表，以供採用。與美孚公司續簽代銷合約，彼方四份，我方三份，文字以蔡六乘律師最後核稿為主。

8 月 29 日　星期四　晴
職務

Stark 寫出工作大綱一件，交余與趙總經理開始計劃增資，余上午將其中有關所得稅問題向趙氏說明，彼決定先將其子女名下之股份過戶至國外友人處，然後決定召開股東會決定增資。下午，余就 Stark 所寫之事項將其中有若干事項與其意見有出入者，寫成中文綱要，以備先與律師交換意見，其中最複雜者為獎勵投資條例所定因公司償還增加設備債務，其股東應享之緩扣所得稅以至過戶為止一節，究應以何日期計算，，並在增資至發股票可達數年，其間隨時有不憑股票過戶之可能，是否喪失緩扣之權利，法無明示，有待解釋也。

8月30日　星期五　晴

職務

　　訪蔡六乘律師談增資問題，余先將要點擬就，逐
點細談，尚能實事求是，其所見多與余不謀而合，與
Stark 之見解則多不相一致也。

集會

　　上午出席小組會議，填送十二次黨籍總檢查分數，
填調查表、建言表等，全屬形式主義。

體質

　　早餐食昨日排骨湯，實為碎骨，將右上牙墊痛，終
日不能使用，如此嚴重之意外，在余之牙齒尚為生平
初次。

8月31日　星期六　晴

職務

　　與程寶嘉會計師談二事：（1）外幣債務特別公積之
提列是否累積，渠初亦如稅局人主張不能累積，但查閱
條文後又與余意相同，即可累積；（2）本公司將與美孚
在高雄合作建 Tank 四座，須先修正公司章程，將此項
業務列入始可，此又必須先開股東會修正章程辦理變更
登記，如美孚對此認係先決條件，即不能先行開工。

師友

　　下午，佟志伸兄來訪，談中央銀行一般情形及其女
申請獎學金尚未獲。

9 月 1 日　星期日　晴
寫作

開始撰寫崔唯吾先生七十壽辰紀念文字內之時事新報部分，已寫好時事新報之接收一章，包括二十四年張竹平辦理時事新報為政客所利用，誤入歧途出售股份，由孔祥熙、崔唯吾氏承受續辦，由銀行借款七百元以為代價，以至分配股份於五個代表人，接辦後繼續借款與歸還舊債，以至上海撤退為止之營業盈虧情形等，大部分根據其「接收經過述要」而加以簡化，並附接收時四社之資產負債表。

9 月 2 日　星期一　晴
職務

上午，Stark 由港回台，即召集會議，討論決定明年之 Sales Forecast，雖已較本公司所列略淺，然不離大譜，決定先行試編，如成本太高不能配合，當再設法云。

體質

看李安一牙醫師，診斷上星期五之右上臼齒因骨壓而折斷，當拔去其較外面之一半，並開藥服食，俟不發炎時再行拔除其餘部分。

師友

中寧兄之幼子緒正後日放洋，來辭行，晚與德芳往訪，送襯衣二件。

9月3日 星期二 晴

職務

　　終日工作幾全為應付 Stark，有關 Profit Plan 事，紐約又有來信致彼個人，希望於月底以前務必完成，實際上已開始由周君作粗略估計，以覘是否有淨利可獲，然彼一天即催問兩次，且謂不妨先僅就本年七個月之銷貨額與新訂銷貨預算相比較，余告以八月份數字一星期內可以計出，屆時今年實際數字即有三分之二，彼亦不允，余乃開始先算七個月之實銷數字，俾與計劃中者相比較云。Stark 又研究增資方案，以及與趙董事長之稅負關係等。

9月4日 星期三 雨

職務

　　與 Stark，趙董事長，及蔡、端木二律師會商增資方案，幸無甚多爭端，即決定下週先開董事會，月內開股東會。粗略估計本年底可能銷貨額八千萬元，但 1969 Profit Plan 則初步估計一億，自然太高。

師友

　　下午到飛機場送張中寧兄之世兄緒正赴美，未遇，德芳分頭往，獲晤。

體質

　　到聯合門診中心拔此次破碎之上右小臼齒，李安一醫師手術極迅速，且穩練，麻藥消失於兩小時後，然仍無痛感，另服消炎片止痛藥。

9 月 5 日　星期四　晴陣雨

職務

上午到工礦技術室與張光宗技正解釋本公司擴建發泡聚苯乙烯工廠請建設局發完工證明，該局因不知是否用未分配盈餘為資金，請示經濟部，而該部又將此案移該室，對內容須了解，余將全案交閱，並以稅捐處准免稅之結算通知副本送閱。到花旗銀行動用借款九千美元匯挪威付 knowhow 費，該行之 Roesch 將此事按 8.5% 計，超過一釐，余要求書面通知，彼已允，余不能斷定此舉是否有違中央銀行規定。為趙董事長計算其所持緩扣股票與自由轉讓股票數目，彼將自由股票轉至友人戶名，以免將來歸戶所得稅負擔太重，此事極為複雜。

9 月 6 日　星期五　晴

職務

寫作上月工作報告，因連日董事會瑣事太多，本應昨日交卷，延至今日始勉強完成，內容並已完全簡化。明年 Profit Plan 工作，因 Sales 部分周轉太多，直至今日始為勉定定案，故事實上可謂方始著手，又須趕辦矣。擬送董事會各項開會文件，包括開會通知、議程，電報美方在紐約董事二人，其中英文部分大部由 Stark 寫出，中文部分由余寫出，均於今日分別發出。

交際

晚，本處全體同仁回請美孚公司會計部分同仁，賓主共十二人。

9月7日　星期六　晴

職務

　　葛副總經理轉來聯合大樓工礦技術室技正張光宗意見，囑對本公司發泡聚苯乙烯之請發完工證明案，市府向經濟部請示是否為如期完工及是否利用未分配盈餘一點，表示提供補充資料，當即撰寫說帖一件送往，大意為在申請時須指明未分配盈餘一節並非法定要件，完工未能完全如期，已另請經濟部備查，況稅捐機關兩年來查帳均承認此項未分配盈餘不予課稅，顯然有其理由，建局所依據者不過為其逐年所定之手續，此種行政方面之事項不可認係一成不變也。

9月8日　星期日　晴

寫作

　　續寫崔唯吾先生七十壽紀念文字內時事新報段，已將上海該報一段寫完，今日為將董監事之演變與崔氏擔任新聞檢查與新聞報導二者相輔而行等情形加以抒寫。下午崔唯吾氏又送來資料一部分。

瑣記

　　到植物園採荷葉，德芳蒸粉蒸肉，極鮮美。

9月9日　星期一　晴

職務

　　為趙董事長支配及過戶股票，彼原開列總數不易按舊有股數加配新股票，故將每戶略作增減，而總數不受甚大影響，又將舊股票存根查出，見其戶名仍為第一次

戶名，其中過戶完全無記錄，乃就存根開出，進一步再
細查其來龍去脈，始能辦理由誰過戶至誰也。下午舉行
業務會報，Mobil 董事 Stark 亦參加，有時須用英文說
明，又討論新定兩種英文人事資料表，甚為繁瑣。

師友

晚，崔唯吾先生約便餐，到有陳永庵、張慕漁、劉
校長、王、李二記者、修主任，對十月十日如何適應交
通情形及應準備事項等，廣泛討論。

9 月 10 日 星期二 晴

職務

上午舉行檢討會討論新印人事資料表如何填列，瑣
碎不堪，而 Stark 樂此不疲，上午舉行董事會，決定下
月十四日舉行股東會與董事會討論要案九件。因趙董事
長移轉股權而無股票號數資料，經孔君將移轉記錄校
對，已有初步結果可以看出何股東移何股東，但有少
數股票係由一股東分成兩部分移轉者，則無法可以確
定其號數，詢之原經手人吳幼梅亦不之知，尚待進一
步證明。

交際

晚，與德芳同到光復廳參加王文甲兄之女皎菊結婚
典禮。

9 月 11 日 星期三 晴

職務

股票移轉本以為全無過戶資料，且已由孔君費時查

核甚久製成初步表格，然號數仍有若干存疑，幾經查
詢，始由華夏陳武雄君處查出一項股東簿，以及移轉申
請表，均甚詳細，其中且有孔君亦參加蓋章者，久之殆
已遺忘。查出後余乃根據此項材料重新製表，將幾次增
資後之股票增加與移轉之應有情況加以分析填製，且須
將緩扣股息分列，以示不能移轉，內容極為複雜。

娛樂

晚，同德芳看余嘯雲玉堂春，票友戲中之上乘，不
可多得。

9月12日　星期四　晴

職務

上午開會舉行討論 Position Description 之填表法，
問題甚多，主其事之 Stark 將赴高雄廠繼續檢討。傍晚
又討論所擬加入明年預算內之 Capital Expenditure，草
草完成。紐約 Mobil 來一查帳員 Kusako 明日開始，但
未見公文，發電紐約查詢，此人在慕華已查帳六週，
然 Stark 今日始語余，余因未見正式通知，告之趙總經
理，決定可以同意先行開始。

9月13日　星期五　晴

職務

紐約派來之查帳員 J. Kusako 今日開始工作，昨日
致紐約之電報亦接獲答復，渠今日所要之件有二方面，
一為以前 Williams 之查帳報告及其執行結果，以及歷年
Sycip 之查帳報告與建議事項等，二為今年一月起之銀

行對帳單事，最後並面詢此地銀行之支取習慣，本公司
對外收款與付款之經手人與習慣，每月對應收款發單之
方式等項，又將開始核對現金簿等，余為助其明瞭現金
簿與現金日報表及總帳內現金科目等之關係，特擬一八
月份之簡表，寫明上月庫存，今月現金簿各欄（加對方
其他欄），加減後為台北、高雄兩庫存。

9 月 14 日　星期六　晴
職務

關於每月之損益報表，往昔其中營業情形先與業務
部分洽詢升降原因，信件寫好後又有馬副總經理複核，
故較為周詳，今日寫作八月份送報表函件，即有難於落
筆之苦，只好勉強寫出。今日又編製上月資本支出報告
表，均係在匆促情形之下趕成。
寫作

續寫崔唯吾先生壽辰資料，今日一氣呵成第二段
「艱苦備嘗之內遷」，字數八、九千，與第一段相似，
或略有較長。

9 月 15 日　星期日　晴
寫作

續寫崔唯吾先生壽辰資料，第二段本已於昨日寫
完，今日檢閱所交來之文件，發覺有一呈當時報館主人
之孔祥熙氏重要函件，表明應採之辦報方針，內容極為
珍貴，乃在第二段內又加一小節，標題為時事新報渝版
之時代使命，其中有認為對外界中傷政府不必從正面解

釋，只須以有意無意之資料另作披露，收效更宏，且可
避免使讀者到處蒐求中傷文字之原文，立論極當。

9月16日　星期一　晴
職務

　　查帳人員 Kusako 今日檢查事項為現金支票收入存
入銀行之核對程序與應收帳款及呆帳等項，經過解釋均
不復有何疑問。Stark 開始準備十月十四日股東會之議
決案，今日與余討論去年盈餘是否足夠於增資九百萬後
以八百萬申請緩扣股東綜合所得稅，余告以不應先扣所
得稅再算限額，經反覆說明始了然。

交際

　　上午到台北殯儀館弔胡人佛代表之喪。中午各同仁
合請由國外旅行回國之林天明君。晚，Stark 約晚餐，
主客為 Kusako，作陪者尚有葛副總經理。

9月17日　星期二　晴
職務

　　編製本月薪俸表，因人事略有異動，故計算多甚費
時，然錯誤不多，因而波折甚少。答復查帳員 Kusako
之詢問多項，雖因熟練事實，未多費思索，然因多為過
去事實，不免須先行向同仁查詢。渠又有關係稅務之印
好問題兩頁，囑余先行研閱，再來討論，余查閱資料
後，作成節略，以備將來之面談有所依據。

師友

　　孫豫恆同學來訪，云將自鹽務總局退休。吳炎來

訪，閒談。

9月18日　星期三　晴
職務

Stark 為下月十四日之董事會擬討論事項先寫成決議案草案，交余複閱後將寫成中文，然後與律師討論有無不妥之處，余檢視一過後大致平妥，只有一件關於以去年未分配盈餘增資之金額九百萬元，係三百萬元申請免稅擴充設備，六百萬元申請股東所得稅緩扣，但如先提所得稅，即不足此項優惠之金額，但事實上應以稅前金額為準，故在計算時不應先行扣稅，彼不明底蘊，竟先扣一半，使餘額仍足緩扣依據，自然不妥，經余改正後，彼無異詞。

師友

丁雲翔、朱興良兩兄先後來訪，各贈衣料、襯衣等件。

9月19日　星期四　晴
職務

Stark 所寫各項股東會與董事會議決案草案今日大體上完成，各為七件，尚有三件未寫，謂在等候資料，此十四件須逐一譯成中文，且須加以審查，間有錯誤，亦須修改，大體上均能扼要，以如此之周詳準備，當不虞兩項會議之臨事張皇也。

體質

昨晚食柿二枚，未能洗淨，深夜腹瀉，今日亦兩

次，晚服用表飛鳴。

9月20日　星期五　晴陣雨
職務

終日寫印假定之董事會與股東會決議案，下午並與 Stark 及蔡、端木兩律師討論修改，半日始竟，Stark 並主張增資後由余準備登記資料，交律師複核，余仍主交會計師、律師辦理，此人異想天開，余告以人力、時間皆不許可。

師友

訪吳炎君面交崔唯吾先生七十壽資料，渠允寫壽序。中午張志安師母通電話談及，余為說明經過，並告與先志同學壽序事無關，後者尚未商定云。

9月21日　星期六　晴
職務

趕辦董事會開會通知，連同昨日之議程分送各股東與董事，因股東增加，連同股東代表共達二十四人，須用蠟紙油印，印後又須一一加註人名，加以英文打字為一打字小姐所誤，另一打字小姐近下班時始接手，結果又須延後兩天，余漸漸發覺若干青年人工作不求精進，惟以推託是務者，殊可憾也。

娛樂

下午同紹因看小大鵬張安平鎖麟囊，初露鋒芒，成績極佳。

體質

　　腹瀉不止，次數雖只三、四次，然情形未有進步，上午到國大醫務室診察取藥共四種，日間已停，但午夜後又洩，且水少氣多。

9月22日　星期日　陰雨
寫作

　　續寫崔唯吾先生七十生日紀念文時事新報部分，原第二大段重慶復刊本已寫完，因上星期又續收到部分資料，其中有致孔祥熙氏長函一件，表示受責斥後之出處，柔中有剛，身分襯托極為恰當，乃補入作為第八段；繼即續寫第三大段報館風潮，已完成第一段風潮起因，文內摘錄者居多，部分由幼女紹因抄入，第二段分析控案內容，摘錄亦多，乃分別勾劃成段，交紹寧、紹因兩女於明日協助抄寫。

9月23日　星期一　陰雨
職務

　　印發董事會開會通知，附議程，並股東大會通知，皆為中、英文，故此一日之會議須通知八件之多，余為簡化起見，將 Mobil 公司之股東亦即股東代表各送中、英文，中國方面者則只用中文。整理上星期五所審定之此次董事會與股東會假定之議決案，與兩律師所修改文字加以校核，即交打字小姐打出以備分送律師再閱，又今日程寶嘉會計師來談及公司登記事，余告以此事經過，為免將來脫節，亦將以此項假定之議決案交其

先閱。

9月24日　星期二　晴
職務

　　編 1969 年 Profit Plan 之主要表 Capital Budget - New Projects 與 1968 Carryovers 兩表，其中所列數有為當年不能用完者，故須部分延至後年，此點須工程部分加以確定，等候甚急；至於 Profit Plan 之損益表與資產負債表等，復因等候此項 Capital Budget 之分月數字而暫時不能製就，但各附表則周君已製就，明日即可開始打字。查帳員 Kusako 檢討資本支出控制 AFE 之程序，認為複雜難明，其實甚為簡單，特不同於通常之手續耳。

9月25日　星期三　晴
職務

　　為 Expandable Polystyrene 廠完工證明事，經濟部已答復市政府建設局，雖未指明以未分配盈餘，應以事實為斷，此乃經合會張光宗君協助，下午前往道謝，並到市府與主辦周國雄洽定下星期五前往檢查；又因此案已接補稅通知，但稅單尚未發到，乃往與主辦之黃福和與袁繼堯二君接洽，希望能在完工證明取到後始接稅單，即可呈復不必再補，其後袁君並主為延宕時間，本公司即可依接到通知立即呈復，請勿發稅單，俟公文往返一次，即可等到證明矣。
交際

　　晚，請查帳員 Kusako 與香港 Mobil 及此間人員聚宴。

9 月 26 日　星期四　晴

職務

全日趕辦二事，一為明年之 Profit Plan，本日先備函送主要表、計損益表、資本支出表，與去年轉來資本支出表，附損益表之十二月份分月詳表與資本支出附屬明細表，另在函內述明損益表之明細附屬表一冊另封寄出，因尚未打出也；另一為安排與律師再度研商十月十四日董事會與股東會決議草案，今日先將草案之中、英文稿打好分送兩律師與 Stark。

師友

晚張中寧兄來訪，談將由勞工保險委員會退休。

9 月 27 日　星期五　晴

職務

下午再度邀集端木愷、蔡六乘二律師，談下月十四日之董事會與股東會議決案草案經打好後之清稿，又經過兩人之修改，幸部分無恙，免於重打，蓋彼等雖口頭上表示為免於重打，凡文義無異處不再吹求文字，實則仍然難免，且若干並非打錯，不過為彼等上次所未見，今日發現而加以注意而已，此二人辦事尚有一特點，即開始審查時字斟句酌，至後則馬虎結束，故在先可因一字而大費唇舌，至後則又均可將就矣。

9 月 28 日　星期六　雨

寫作

為崔唯吾先生所寫時事新報始末資料完全脫稿，今

日最後校訂，計十四行稿紙九十四頁，約四萬至五萬字，其中五十餘頁為余一手所寫，四十餘頁為紹寧、紹因兩女依據余所選定之資料摘抄而成，至於全文之名稱，因將來須與崔氏其他階段之資料合併，故不能確定，僅就此部分取名為「崔唯吾先生對國家社會之貢獻－時事新報部分」。

9月29日　星期日　雨
寫作

崔唯吾先生七十雙慶有徵文啟及宣紙箋寄來，今日為寫壽文一篇，用紅筆畫格，自書正楷，凡一百八十字，寫其教育新聞經濟與議政之四大貢獻，各以數語眩之，雖非美術文字，然用字遣詞已儘可能使其恰當，文曰「唯吾師貢獻國家社會，廣泛深遠，世罕其匹，以言大者有四：一曰教育，春風廣被，從游三千，一列門墻，終生嚮往。二曰新聞，輔導報業，實開先河，更以喉舌，表率群倫，劻續昭著。三曰經濟，理論政策，實務經營，一爐而治，取精用宏。四曰議政，發抒讜論，鞭辟近裡，法制以立，生民蒙庥。有茲四者，更貫以國父遺教，踐以革命事功，凡所獻替，靡不中的。志安師母，文字彪煉，教澤遍及南北，與師相輔相成，夙臻至當。茲逢七秩雙慶，僅貢蕪詞，以為嵩祝。」

9月30日　星期一　大雨
職務

須於月底前續送之人事資料計表二種，各用中、英

文填寫，因無暇晷，直至今日始行填好，更自行打字，
費時甚多，所餘時間即用於答復紐約查帳員 Kusako 之
問題，因余不能用口頭解說十分清楚，彼認為彼此間存
在有 language barrier，又所詢問題應已有資料可查者，
經囑辦事人員速即查出，然亦有因純形式而未予注意
者，則儘可能補具焉。

10月1日　星期二　晴
職務

　　查帳人員 Kusako 索資料甚多，然皆為充實其報告而來，其中之要求有數種，如在途原料餘額須將其支付之日期加以統計，以覘其壽命之長短，旅費與交際費須指出十數筆，以觀其核准之情形，又如平時遞送紐約之表報有若干種，須開單加以說明，又查去年與前年由於盤存而發生之損益轉帳及傳票核准者為誰等皆是也。

10月2日　星期三　晴
職務

　　大部時間用於為查帳員 Kusako 解答問題，今日所涉者為在途原料、聯公司付款、應收賠償款之 Age 問題，孔君所準備之資料太籠統，彼持帳核對，多有不稱意處，又查旅費與交際費，對總副經理廠長自行核准其費用不以為然，此人因文字隔閡，聲言向余查詢太多，余告以無妨，然內心實苦也。

交際

　　晚，會計人員聚餐；飯後並訪朱興良贈衣料二段、茶葉二罐。

師友

　　晨到新店訪崔唯吾先生，面交整理時事新報文稿及祝壽文字。

10 月 3 日　星期四　晴
職務

為趙總經理整理股權，並交總務處請其在股票上補作過戶記載，余則另製一件增資計算表，以最近過戶之結果，將新舊股東增加之股份，包括由去年盈餘者五百萬元，由特別公積金者一千四百萬元，計算其每一股東得新股若干，其中可以緩扣綜合所得稅者若干，應完稅者若干，發放現金股利若干，減除應完納之稅款後，尚有若干現金股利可以支付，此表將於股東會提出參考。

10 月 4 日　星期五　晴
職務

查帳員 Kusako 以其查帳報告底稿與余討論，余對其所提若干事項表示同意，但亦有認為小題大作者，亦有余不能表示同意者，後者尤其表現於資本支出之控制，彼主張未完工程帳只記每月總數，以 AFE 分戶帳為補助帳同時為序時帳，至於製表則依照補助帳各戶累計支出數相加為之，此法明為簡化，實更複雜，余與之討論良久，雙方意見不能接近，待後再談矣。
交際

晚，參加吳仲讓君結婚典禮於中山堂光復廳。

10 月 5 日　星期六　晴
職務

自今年分派股利確定後，以前擬議中按全部股利 2,300 萬元所製之分戶股利所得稅應扣與緩扣等數自已不

適用，乃分製兩表，一為四百萬元之第一次分配，其中三百萬元為 1/4 盈餘免稅額，一百萬元可以申請緩扣，二為一千九百萬元之第二次分配，其中五百萬元為當年度可以申請緩扣，一千四百萬元為以前年度之特別公積金轉來，應予扣稅，另外為支付扣稅發放現金股利一百五十餘萬元，以上第一次分配製為一表，二次製為另外一表，股東之戶數亦加多一倍。

10 月 6 日　星期日　晴

家事

今日為中秋節，鑑於全家之胃納有限，故上午與德芳上市買菜，儘量求簡，加以並無外客，自然不必求全也。瑤祥弟來持贈文旦及月餅，並由其帶回麻豆文旦一包，及薰臘一包，又昨日購物贈品保溫杯一隻。

交際

下午到空軍新生社為吳先培三子正民與徐陸蘭結婚道賀，並參加茶會。在該處遇尹合三兄，談及星期四武文同學七十慶壽余何以未到，余因未知其時間，武君未有通知，而收款之石鍾琇君亦見面不提，故余未能前往，尹君急為石君解釋其家有病人，似悔失言，其實無關也。

10 月 7 日　星期一　晴

職務

應付 Kusako 之查帳，今日答復其若干傳票後單據之問題，多數由於對中文之不了解，少數由於單據不

全，例如買進尿素常無倉庫收料單，又如付出外銷運費常根據經手人之 Debit-notes，而應補之正式發票則延至數月，置之度外，皆是。此固不憚於查帳人之瑣碎，然公司人員本身之漏洞亦無法掩飾也。寫九月份工作報告，將提出下星期之業務會報。

交際

中午，到立法院參加崔唯吾先生宴會，計三席，皆為其十月十日壽辰之辦事人員，余被推為財務組長，將由立法院方面調三數人辦事。

10 月 8 日　星期二　晴

職務

查帳員 Kusako 今晨辦理備用金檢查，主管之金、徐二人雖余於多日前告知須有準備，然聽者藐藐，今日乃大為狼狽，徐之現金不符，金則急到銀行支取，經過余著周君為之解釋，下午又因仍多不明，又向余詢問，發現若干可能錯誤之處，彼又決定明天重新研究。余今日事已獨多，上午應付此項檢查，下午到美孚開會，提出該公司應付帳款要求，彼又有不同意見，歸後更須計算估計上月損益，向紐約去電，終因查帳員之打攪，此一工作又須延至明日，已兩天延誤矣。

10 月 9 日　星期三　晴

職務

事已太多，工程部分又編就 Polystyrene 擴展計劃之明年第一個 AFE，文字表格極多，實無暇晷可以複

核，故即照原稿複印送紐約，聲明希望明年初開始採購，故請早日核准。Kusako 對於昨日所查之零用金問題，寫成一段頗長之文字，附有建議，將內容逐一與余研究，又因余告以由總務主管（彼初以為為會計人員），復再次向林天明及余逐一查核單據，以求同意，此事固屬不端，然如此人之小題大做，如入寶山，亦太過份矣。

10月10日　星期四　晴晚陣雨
慶弔

今日為崔唯吾先生七十壽，上午到實踐堂任招待，余本為財務組長，因見已安排就緒，故不過問，十時崔氏到達，拜壽開始，至下午一時始竟，同到會賓樓午餐。今日會場布置均由立法院擔任，井然有序，另分送親友書一本，為「議壇芻言」，余等中學同學之壽屏六頁及對聯一副，張掛甚為生色，又所送文字箋亦陳列甚有次序，繞柱四匝，計有六、七百件，不乏佳作。

10月11日　星期五　晴陣雨
職務

56 年營利事業所得稅案內應繳送之發泡聚苯乙烯工廠完工證明，連日由孔君洽市府建設局速辦，但彼方一味延宕，藉口各種表式太繁，繕校又費時日，故不易於十五日完稅限期以前辦出，其所謂困難，其實不值一顧，此等官僚作風，遇責任則推，可惡亦復可恨也。

娛樂

晚與德芳到中山堂看許石音樂社各省民謠演唱會，有數演員唱來頗佳，多數則平平，惟此種表演在台灣並不多見也。

10 月 12 日　星期六　晴陣雨
職務

準備下週舉行之董事會與股東會應用資料之裝訂，依照實際可到之人數，裝成兩種，一為董會與股東會兩種會議者，將分送各董事，待股東會時仍可續用，僅將文件間隔成二部分，二為僅股東會一種者，將分送各非董事股東及其代理人。前者十五份，後者十份，均用中、英兩文，裝訂略費時間，由各助理人員會同辦理，因不甚得法，致浪費時間不少，但余再三示範並加催促，原已不能完成之事，終在十二時十五分完成，此雖小事，可見督理工作有其重要性也。

10 月 13 日　星期日　晴陣雨
省克

連日因市政府完工證明遲遲不能發下，而完稅之限期即屆，大有功虧一簣之勢，為之不寧者久之，雖在假期，仍不能自釋，中夜醒來，思潮起伏，以至平旦，蓋余習性不能恝置功敗垂成之事，尤其見於辦事不肯負責惟知因循敷衍之輩，縱與本身利害無關，亦往往為之不懌也。

10月14日　星期一　晴
職務

　　上午同孔君到市政府訪周股長國雄，催辦完工證明，周雖允速辦，然對余所提之請其轉稿向科長與主秘面請簽字，表示猶豫，余恐誤明日限期，乃與孔君訪其舊識之胡副局長，胡立即通知主秘詹君，詹君立轉周君提前於今日辦就，迨下午孔君往取，即果然未誤，余其時已將呈國稅局文稿辦好，立即打繕用印，此一極慢之事乃得以極速之方式辦妥，實出望外也。上午與 Stark 討論程寶嘉會計師主張修正之下次董事會股東會決議方式，彼均接受。下午舉行業務會報，余提出討論案二項，一為股票事務將來歸總務處辦理，二為後補單據之支款應限期補入，否則應作為暫付款由領款人負責。

10月15日　星期二　晴
職務

　　連日之忙碌幾為有生以來所無，上午到國稅局送市府之完工證明，退還其所送繳款書，不料因黃君向其馬科長請示，馬認為不合規定，堅主須先繳半數申請複查，余將原件帶回，請示趙總經理，趙氏召陳武雄君一同商量，決定不繳，根據法理力爭，因慮其不在繳款書簽字，不肯收件，決定辦文郵遞，余即於下午趕就公文兩件交郵。即將被任總經理之 Stretton 今日由紐約來台，下午即召集會議討論所擬新年度資本支出計劃，尚未完畢。向 Kusako 查帳員提供銀行貸款擔保品等資料，並說明明年預算內容。

交際

上午到再保大樓賀馬賓農參加 Sycip 之 Management Services。

師友

晚，朱興良兄來訪，贈罐頭食品，閒談其在財政部主辦之保險行政業務。

10 月 16 日　星期三　晴

職務

上月份會計報表今日打好，余早起即到辦公室撰寫致紐約公函，原期二小時完成，不料又因查證人員多所詢問及發覺上月數字有誤，須加改正，更恐匆忙有新錯誤發生，故實際費去半天時間始克完成。下午趕製本月份薪津表，但因等候工友之加班費資料，延至下班未能完成。

10 月 17 日　星期四　晴

職務

下午舉行董事會與股東會，余參加紀錄，並代表趙元修出席股東會，此兩會均作為原訂十四日舉行延長至今日，所討論之事項均經事先由兩律師寫成中、英文（實為 Stark 與余所分寫）草案，今日只在會內宣讀，並因草案成後程寶嘉會計師依據公司登記之需要，提出應在董事會記錄決議增資之方式，又因股東會對於轉投資之議決與增資未連成一氣，主張加以補充，均於今日會中分別修正完妥，今日之會並由董事會通過以

Stretton 接任總經理，由股東會通過更換 Mobil 公司方面之董事三人、監察人一人。

10月18日　星期五　晴

職務

編製薪津表送之銀行備明日發薪。編製第三季季報表，數字部分由周君填寫，文字說明由余補入，其中最困難者為分配之盈餘與未分配之盈餘表，由於提撥公積金之時間不同，以致此表之數與資產負債表不同，而又無法改善，故亦須作十分明白而簡單之說明焉。

10月19日　星期六　雨

職務

開始整理上次董事會與股東會之各種資料，但紀錄則尚未著手，因須等候律師之各種草稿也。今日應發之第三季季報表因打字小姐未將信打好，等候久久始獲完成發出。

體質

連日事務太多，常在午夜後因小解起床即清醒而達旦不能入睡，今日有腰腿甚重之現象，又胸部壓迫感及悶氣亦常有重發，但為時甚暫耳。

娛樂

晚同德芳看電影「空留回憶」（A Matter of Innocence），海麗密爾斯主演，故事雖甚簡單，但頗多甚深之寓意。

10 月 20 日　星期日　雨
參觀

　　上午同德芳到故宮博物院看展覽古物，其中銅器、玉器部分所換展品不多，但重看仍然有趣，字畫則全換，今日展出多明清人作品，明人文徵明為最多，但同時又展出最古之唐五代畫品數幅，書法則有王右軍奉桔何如等三帖，懷素與孫過庭兩名帖，至於五樓特展部分則為清高宗珍玩第二批小品，其中書畫珍玩之小件皆為十分精細之品，而在平時無由得見者，其中且雜有嘉慶帝之楷書等，則與標題有出入耳。

10 月 21 日　星期一　晴
職務

　　為 Stark 填製有關本公司與李長榮及長春等公司合作經營之長達公司要件。為端木愷律師複製五份股東會記錄，中文三份、英文二份，備其代莫比公司申請匯回本利之權利。由於此一工作，得悉前董事會吳幼梅秘書之會議文卷多有未上軌道，蓋其會議記錄有一會議而有二種者，無從辨認其以何者為有效也。

參觀

　　上午看徐一飛畫展，並與德芳商洽定購其畫二幅。

10 月 22 日　星期二　晴
職務

　　余在台達三年來未有忘事，現因經辦之事範圍較大，故忘事有歷時一週始覺者，如九月份之 Capital

Expenditure Report 在財務月報表編送時正值董事會如火如荼，日不暇給，昨日始憶及未作，今日始行趕出。又於今日將對開發公司之季報表送出。兩律師所擬之中英文董事會開會紀錄，今日由蔡六乘送來，余抄錄後即送還端木愷，又因其對於股東會記錄未加訂正，余乃加以整理，並將英文本之有關處加以修正，先送 Stark 請其同意後，將再送律師。昨日起 Sycip 開始查帳。

10月23日　星期三　晴

職務

上星期查帳人員 Kusako 將查帳報告草稿交趙總經理先閱，以便討論，今日余將內容細閱一過，並將要點摘記與趙氏先行交換意見，彼不認為其所建議者有何不當，只本公司無此人力訂定各種辦法耳；其中余認為有一特點即特別瑣碎，且往往以美國之原則衡量中國之事實，但余不願多提意見，尤其彼對於現在處理 AFE 之帳務批評得體無完膚，而提議另立未完工程補助帳並按月據以過入總帳，余初認為有背原理，後見趙氏無可無不可之反應，亦不願再提矣。

10月24日　星期四　晴

職務

新任而未就職之總經理 Stretton 上午與余及潘永珍君討論最近所擬之電木粉與聚苯乙烯二個擴充計劃，主張加以改編，俟其在紐約將近回台前寄往徵求同意。下午到花旗銀行接洽借款，計將用貼現款 95 萬元，外銷

貸款 200 萬元，但仍不足周六與下週一應付款之用，故另函高雄廠待星期一向高雄交通銀行透支 200 萬元。

10 月 25 日　星期五　晴
遊覽

上午九時，同德芳到台北車站搭公路車赴陽明山游覽。陽明山本為春季必遊之地，秋季則罕至，但意其秋間景色必另有一番氣象。至車站則見候車之人極多，尤以學生占壓倒多數，好在車次甚多，移時即獲乘車，上山後由車站步行至後山，此時金風送爽，陽光普照，但無酷熱，比之春季尤為宜人，所憾者尚未至紅葉滿山耳，步行至公園內用茶後，然後散步至瀑布前休憩，然後折返下山，由車站先乘車至北投，然後回台北，如此可以減少候車之時間，且途中景色不同，亦可領略一番也。

10 月 26 日　星期六　晴
職務

到花旗銀行辦理借用外銷貸款 200 萬元之手續，立即向合作金庫存入備支付今日開出支票之購料款。旬日前辦公文向國稅局退回其因未有完工證明而補徵之 1966 年所得稅，該局正式通知須申請複查，余因其根據並不充分，今日到國稅局訪黃、袁二君，並介紹其主辦此一通知之詹君，商量辦法，並表示本公司無納此稅之理由，袁君之意最好先將報繳日期延展，在期內從容商量辦法，余表示向財政部請示，彼等亦無意見，袁君

且謂完工證明並非不能補繳云。

10 月 27 日　星期日　晴
參觀
　　下午同紹因、紹彭到僑光堂參觀內政部全國書展，係以各書局為單位，於樓下陳列出版品，於樓上設立攤位，另於場外發贈書券，贈送期刊等，今日為星期日，參觀者特別擁擠，秩序不甚良好。
家事
　　上午同德芳到民生東路看所定之富錦新村與民生新村兩處房屋建築等情形，富錦新村為三樓，已近鋪設地板，民生新村方挖地下室，兩處環境皆好，都市計劃完成後將更有可觀。下午同兩子女到台大接考托福之紹寧回寓。

10 月 28 日　星期一　晴
職務
　　與趙總經理談前日接到國稅局通知，仍囑對於去年所得稅所補完工證明須申請按複查手續辦理，趙氏謂前日曾在旅途遇該局第一科馬科長，彼對此案有所提及，謂局內職員對余之傲慢態度不以為然，故難以處理，其實即馬之自道也，旋趙氏以電話與之接洽，彼主易人往洽，趙氏告余即轉囑孔君定時前往，此等事皆出乎意外，馬少年氣盛，余亦喜衝動，故亦不願再往也。下午莫比公司香港會計經理李君來談關於放帳原則問題，因本公司向無所謂信用政策，且因未曾吃虧，無人起草成

文之信用政策，此又出乎該公司意料以外，頗不易解說
清楚也。

10 月 29 日　星期二　晴
職務

Stark 將十四日股東會英文紀錄整理就緒，余即將
中文部分亦加以寫好，即送蔡六乘律師核閱。國稅局之
馬科長對本公司去年發泡聚苯乙烯工廠完工證明事顯有
成見，今日著孔君往洽，彼雖與趙總經理一度接洽，然
仍未改變其態度，渠對孔君所談與對余所談相同，須先
繳稅半數，然後申請複查，趙氏為此亦深為煩惱，將與
會計師研究再謀應付之。

10 月 30 日　星期三　晴
職務

國稅局補稅事，程寶嘉會計師主張繳納半數申請
複查。

集會

上午開小組會，討論中央黨部囑填表保舉人才，群
矚目於余，余固辭，最後以填表方法不明為理由，提議
由組長詳加研究探詢，下次再議，始得脫身。

10 月 31 日　星期四　晴
參觀

下午同德芳到士林園藝試驗所看祝壽展覽，其蘭亭
內只有少數洋蘭，多數為各種榕楓與九重葛盆景，室外

則為各單位之菊花，花朵肥大，而少變化，此次最突出者為山水盆景與天然石，前者如桂林山水、赤壁懸崖等，具體而微，小中見大，後者有天然石紋，酷肖各種山水、風景、動物之屬，蔚為奇觀。

慶弔

今日為蔣總統八十二歲生辰，全國稱慶，余共往簽名三處，一為實踐堂，二為國民大會，三為政大校友會。

11月1日　星期五　晴
職務

到蔡六乘律師處談半月前之董事會與股東會紀錄，彼將若干文字修正意見面商後即行加入草稿之內，至此即作為定稿矣。58年盈餘轉增資補徵所得稅案，經日昨謝冠方往與接洽，仍然須先繳半數申請複查，今日即將半數稅款照繳，將於二十天內申請複查。

師友

下午訪吳崇泉兄，談其代為申報所得稅一案之公費尚有五千元未領，但已不須再行付給稅務人員，決定代買徐飛畫二千元，關係人員聚餐三千元。

11月2日　星期六　晴
職務

上午，查帳員 Kusako 又查核一束轉帳傳票，對於所加蓋之科目戳可據英文而了解，但摘要則完全不知，於是囑余為之解說，實際無一有何問題，如識中文當無此困擾也。

參觀

下午同德芳、紹寧到西寧南路看紡織展覽會，規模不甚大，然布置尚好，各攤位生意亦佳，其中以出售毛衣與內衣者居多。

師友

晚，同德芳到中正路訪馬麗珊女士，送女貓一隻。

11月3日　星期日　晴
省克

見禮品店有大理石刻座右銘，極有意思，錄之以為反省之資，蓋行年六十，自知修養功夫淺薄可憐也，其詞曰：天下有二難，登天難，求人更難；天下有二苦，黃連苦，貧窮更苦；人間有二險，江湖險，人心更險；人間有二薄，春冰薄，人情更薄。知其難，守其苦，測其險，忍其薄。其句雖略嫌消極，然鞭辟入裡，今日所見者更甚於此也。

11月4日　星期一　晴
職務

寫作此次 Kusako 查帳報告內 Management's Comments 一項，在其每段之後，除採購組部分由高銓君擔任外，其餘完全由余擔任，大部分均同意其意見，但有數事必須表示不同之見解：（1）所謂Credit Policy，依葛副總經理之意見，因內銷全部產品歸美孚代理，故放帳之問題已變成極簡單，一律為發貨月份後之三個月；（2）彼主張未完工程帳應由明細帳過入，余改為由現金簿過入；（3）彼主張現金簿與發出支票不由出納員辦理，余同意，但須俟人手可支配時照辦云。

11月5日　星期二　晴偶雨
職務

為查帳員 Kusako 續準備三項明細表，一為 Deposits Receivable，二為 Advance to Others，三為 Other Prepaid

Expenses and Deferred Charges，均先由孔君由帳內抄出數目，然後余用英文重列。美孚公司要求對台南永華售出電木粉價格不按本公司售價開出發票，而改將佣金扣除，使永華得以按淨價購買自用，因而須要求本公司將所報國稅局之售價加以修正，余考慮後認為本公司須對美孚按未減佣金發售，忽又報備較低之價，使稅局不知用意所在，故請其自報云。

11 月 6 日　星期三　晴
職務

寫作上月份工作報告，當月份因兩方查帳，忙迫不堪，然又無甚細節可以列入報告，故文字甚簡也。查帳員 Kusako 又將本公司對其 Recommendations 之 Management's Comments 與余及高君合商變更文字，以求其報告寄至紐約後可以較易明瞭，其中不乏將意義抹煞者，亦只好由之矣。寫作申請國稅局對該局補徵本公司五十五年度因未分配盈餘擴充設備完工證明遲送之稅款之複查公文，並由孔君先送該局經辦之黃君一閱，其實此文並不重要，繳稅複查完全表面文章也。晚參加外資單位會計人員聚餐。

11 月 7 日　星期四　晴
職務

下午到美孚公司舉行兩公司聯席會議，首由翟總工程師報告赴港洽辦本公司聚苯乙烯銷路之經過，次由余與其財務經理白君談如何結算上月底應到期結清之

貨款。

交際

　　晚，部分公司同仁為高雄廠袁廠長慰亮餞行，渠將於明日赴歐美日本考察塑膠業情況。

11月8日　星期五　晴

職務

　　分發上月十五日之股東會紀錄，因有中、英文兩種，且若干股東須發，若干不須，故支配時煞費斟酌。估計上月份盈餘，發電紐約，因銷貨資料須等待美孚提供，故仍然未能於預定之七日發出。查帳人員 Kusako 仍然不絕如縷，今日又將其原依據六月底之應收帳款分析寫出之建議改為九月底，數字亦予改變。與程寶嘉會計師研討加速此次增資登記事宜。Stark 將在台從事 Management Consulting Services，詢余以本身記帳手續，余為其約程寶嘉會計師晤談，並允為購空白帳本。

交際

　　畢圃仙夫婦為五子完婚，晚與德芳赴其喜筵於第一飯店。

11月9日　星期六　晴

職務

　　自今日起凡報繳之上月份營業稅為外銷者，必須隨附外銷證明，否則只能待後退稅，經洽催報關行以後須趕將外銷報單提早送來。

參觀

　　到國際學舍看第二屆電子展覽會，特殊之事為有彩色電視。到中山堂看古今書畫展覽，有極好而極廉之件，如何子貞書「南榮北郭井里近，西枝東柯邨谷幽」一對，千真萬真，只新台幣二千元，惜非收藏之時，只好舍之。

娛樂

　　到中山堂看電影，崔福生與李湘合演「路」，極有意義，演技亦不弱。

11 月 10 日　星期日　晴
旅行

　　本公司秋季旅行於今日舉行三天，同仁大部分參加，目標為橫貫公路與蘇花公路，晨七時由台北出發，計同仁十七人、眷屬五人、外賓四人、小孩五人，由華宮汽車公司承辦。午在豐原吃飯，十二時出發東行，下午三時經谷關達見而抵梨山，此處距東勢為八十五公里，晚住梨山賓館，並到福壽山農場參觀，並買蘋果，極為鮮美。此賓館甚清潔，每人一百元，客廳餐廳極寬大，地在海拔一千九百餘公尺，入夜甚冷，而四面靜悄無聲，甚得山居之閒情也。

11 月 11 日　星期一　晴
旅行

　　上午八時由梨山早飯後出發，31 公里到大禹嶺，此處為橫貫公路最高點，海拔 2,565 公尺，寒不可當，

過嶺後即漸漸下山，56 公里到天祥，中經慈恩之高度
已降至 1,900 公尺，至天祥更低，午飯後續行，經過最
佳風景之九曲洞與燕子口，再經長春祠，略作盤桓，出
太魯閣，經花蓮西郊參觀榮民大理石工廠，五時到花
蓮，住福隆飯店。太魯閣乃舊遊之地，但只到溪畔，自
燕子口以上則昔所未至，而夢寐以求者也。

11 月 12 日　星期二　晴
旅行

　　晨由花蓮出發，為上午七時，到太魯閣排隊候至八
時始入蘇花路，過清水斷崖，現在各險路皆由隧道取
代，十年前余初行時所無也。沿途風沙甚重，十二時半
到羅東午飯，一時半續行，經宜蘭、坪林、大崎腳、新
店於四時半到台北。今日全程二百二十公里，三天共
六百公里。此次旅行德芳同行，沿途皆伊所未經，余則
橫貫公路自谷關至溪畔間亦為昔所未到，所見深山幽
谷，奇木險道，殊為心曠神怡，同行者皆公司同仁，
昨日休假，前今二日而假期，忙裡偷閒，彌增愉悅之
情也。

11 月 13 日　星期三　晴
職務

　　舉行本月份業務會報，余於書面報告外並補充一項
須早日解決之事項，即今年藍色申報已由國稅局准予列
作免稅之所得三百萬元，須於明年藍色申報時填送核
准之擴充計劃，然本公司上次董事會所通過之利用此

項盈餘方案建立聚苯乙烯 Film Extrusion 設備計劃至今不能決定是否舉辦，為恐顧慮其不易改變，故至今不能辦理申請，為免曠日持久，請早作決定，經決定改用 Polystyrene 廠增加設備之計劃辦理申請。

11 月 14 日　星期四　晴
職務

Mobil 查帳人員 Kusako 今晨最後持其查帳報告稿與趙總經理交換意見後告別，此人在此計達二月之久，報告稿件一再修改，今日始告完成。寫作十月份會計報表之 cover letter，惜因打字小姐請假，竟不能於今日如期發出，辦事之不能配合，往往出乎意料。

參觀

蘇景泉兄送電影票，晚與德芳到台大看電影「男歡女愛」，為一法國片，未終而返，又參觀台大之美展，書法、文字皆有精品，惜不多耳·

11 月 15 日　星期五　晴
職務

寫作之十月份報表信，本應於昨日發出，但因打字小姐請假，延至今日始打出，經校對有錯，又須重打一張，直至下午下班，始勉強打好發出，否則又將延後一天矣。編製十月份 Capital Expenditure Report，因上月份誤將沖帳金額作為借方記入，累計數超出，本月份累計依然未能追及，只好按本月底實數列入，然較之上月份為低，說明不易，聽之而已。自美孚擔任總代銷，應收

帳款劇增，應付之款只好借債支應，今日又函高雄廠續
向交行透支 270 萬元。

11 月 16 日　星期六　晴
職務

本公司與美孚公司代銷合約將於月底滿期，勢將
續延，今日就過去應收帳款收款情形，尤其福美林部
分加以分析，列成一表，說明一至五月份本公司之貨
款係於何時收到支票，支票到期日距發貨日之期間多
長，以供參考。工程處修正 Polystyrene Plant Expansion 與
Phenolic Molding Powder Plant Expansion 兩件 Authorization
for Expenditure，前者為明年度者，後者為今年度者，於
今日趕寄紐約，請其簽字同意舉辦，並以副本送紐約未
來總經理 Stretton。

11 月 17 日　星期日　晴
聽講

上午，到中山堂聽教育部文化局所辦中國文化特質
演講中之陶希聖氏所講「禮治與法治」，分析我國自春
秋以迄漢以後，老子、孔子與法家在政治上所起之思想
作用，認為唐前法典完全為法家產物，而運用則在黃老
術中，漢以後始有儒生主政，而唐後則禮治法治並重，
其中消長，乃由於社會之發展使然，歷一小時半，頗中
肯綮。
慶弔

上午到市立殯儀館弔劉欽禮之喪。

11 月 18 日　星期一　晴
職務

　　編製本月份薪津表，其中 Mobil 公司之董監事自本月份起多有更動。Stark 又來談公司增資登記事，余告以已與會計師取得配合，務於月底前將各種資料備齊，俟將月底之資產負債表表示當日已將資本金增至五千萬元者加入，即可送出，彼認為會計師認定兩次增資可合併為一份申請一節，須與律師研討無問題後始可，又彼表示此項申請書在送出前須備中、英文兩種以備 Mobil 公司方面可以核對云。

11 月 19 日　星期二　晴
職務

　　程寶嘉會計師來接洽公司增資變更登記事，余提出數事請加研究，一為 Stark 所提，律師認為須作兩次增資登記，請向經濟部詢明，可以合併最好，二為洋人須於申請文件備妥後全部譯為英文，此事容屆時託他人代譯，由公司或由程君代辦均好，三為新任董監事洋人四人已有宣誓書與授權書，但簽發授權書者之簽字證明原有去年紐約寄來之公正證明與中國領事證明，應仍然適用，但如其期間已過，須另行在紐約請發，亦請早與經部協商以便請發云。

11 月 20 日　星期三　晴
體質

　　上午到聯合門診由李安一牙醫師拔去左上後方之臼

齒，該牙中間有裂紋，故不能對咬，問醫師可否加套而
不拔，渠以為不可，仍以拔去裝假牙為宜，該牙拔時頗
費力，及見拔下後牙根為三叉形，始知原因，拔後四小
時服消炎片一次，尚無痛疼，只略有不正常之感覺耳。

11月21日　星期四　晴

職務

準備月底增資記帳與分配股利及過戶之股份必須於
五天前辦理等事，又為增資登記用之股東名簿重新開
列，並交打字。

交際

中午參加趙總經理為 Kusako 餞行於統一飯店。吳
炎為其母百年冥壽徵文，在來牋上題對一付曰：「方姚
文章桑桓經濟，儒佛心腸歐孟家風」，跋曰：「曉園仁
兄為遵奉令堂慈太夫人遺言，於百齡冥慶，廣結墨緣，
以彰先澤，洵文化復興運動中盛事。僅貢蕪詞，藉表
景仰」。

11月22日　星期五　晴

職務

開始準備下週內應進行之發放股利與增資轉帳，此
項計算本於上次開股東會時大體完成，但由部分股東過
戶等關係，數目又有變動，而此項過戶又涉及自由轉讓
股與緩扣所得稅股等問題，須在股票發行以前作為股
票已發而登入股東名簿，幸此項過戶資料經向總務處提
供後，經辦之金君迅即了解，登記無誤，省卻若干週折

也。與葛副總經理到航空站送 Mobil 稽核 Kusako 赴香港，因林天明為其安排出境至候機坪略早，至則已趕不及矣。

11 月 23 日　星期六　晴
旅行

偕德芳參加本公司鸑鷟潭旅行，計十二、三人，先乘車至南郊龜山附近，過吊橋至山腳，乘台車約六公里改徒步，經碧山小路而至潭邊，步行大約六公里，山有起伏，路甚崎嶇，休息午餐後，多數划船，余等則沿潭邊上行至一公里處游覽，下午按原路回台北，此行風景甚佳，台車沿路有翡翠谷，河底怪石嶙峋，為不甚可見之景色。

交際

晚，偕德芳參加陸冠裳子婚禮，余又參加薛秋泉女婚禮。

11 月 24 日　星期日　晴
交際

前同事吳幼梅兄之女在西班牙結婚，喜家在僑聯賓館宴客，晚往道賀並參加喜筵。前同事徐思璧太太之女結婚，在自由之家宴客，往道喜後即辭出。

師友

上午，石鍾琇兄來訪，因第八次全國代表大會將於三月間舉行，彼有意競選代表，余告以山東代表已集會提出裴鳴宇、梁興義二人，裴氏之票為余所必投，但如

屆時彼票太過超出當選需要時，擬與其洽商讓出云。

11月25日　星期一　晴

職務

　　準備十一月三十日發放股利增加資本，此事看似簡
單，但著手之後，問題層出不窮，余先開始辦通知函
稿，文字說明極力求其賅括明晰，然最後須逐一將有關
數字填入函內，而在股東會時余所作之資料又不夠詳
細，於是乃就函內所用之數字作成一表，計十六欄，俾
供打字時據以填入，函稿辦就後又發現若干新股東之股
權取得時間在今年第一次增資後，第二次增資前，文字
即不能完全相同，於是又略加註腳，將函分為二種，凡
此皆始料所及，然未知其如此繁瑣也。

11月26日　星期二　晴

職務

　　繼續辦理月底分派股利之準備工作，余將各股東應
發之數逐一算出後，又因需貼用之印花必先有準備，故
算得每戶應貼之數後，更將印花票面加以統計，自一百
元、五十元、二十元、十元、五元、三元、一元、五
角、一角以至五分、一分，均按需要分別算出。

交際

　　晚同德芳、紹寧分訪台大各教授邀約至星期五晚
宴，首訪紹中之業師許東明教授夫婦，渠甫由美回國，
談及紹中畢業論文為美國出版物所採用，甚為興奮，次

訪紹寧之師陳幼石，與紹因之師諶克終，均面送請柬。

11 月 27 日　星期三　晴
職務

　　由於此次本公司已增資至第四次而股票均因緩扣所得稅問題未決不能發行，但部分已經過戶，如此難免將來不易稽考，余乃於今日將四次未發之股票，計四千四百萬元分將緩扣與自由兩種股份，再分為百股、十股、一股三種，逐一列成一表，排成號次，工作中有若干意想不到之困難，致工作全日尚未終結。

師友

　　晚訪吳崇泉兄於溝子口，送去代買之徐一飛畫一幅，該款乃吳兄公費原定用途而不需支付將用於聚餐者，故部分用於買畫，一舉兩得。

11 月 28 日　星期四　陰
職務

　　繼續編製本公司增資至五千萬元之股份分戶情形，列成大表一份，備閱時可以一目了然於每戶在五次增資後之今日持有股票若干，其中自由轉讓與所得稅緩扣者又各若干，而股票有分為百股、十股、一股三種，每種之號碼將如何編列，均一一編就，只待緩扣案有所核定，即可發行云。昨日與美孚公司財務經理白敬尊及另一同仁會商該公司六、七兩月依規定須於九、十兩月底支付本公司貨款但未實行，希望帳面數字已經對清，該行將向香港請款支付云。

11月29日　星期五　晴

職務

今日將「本公司五十七年十一月三十日股東股份情形明細表」編製完成，此表費時兩天，包括原有資本及四次增資之股份現在歸何人持有，及假定之號數，並將緩扣所得稅與一般股份以黑、紅二色分別填入，縱橫相加，無誤始作為不致有問題。

交際

晚在天香樓宴請台大各教授，計到許東明夫婦、陳幼石、諶克終、周玉津，另有丁雲翔與趙榮瑞，由余與德芳及紹寧作陪，尚有已發請束而未到者為陳、諶二人之夫人及黃德馨夫婦。

11月30日　星期六　晴

職務

今年分派股利已經算好，今日再製一表，準備先將應付之現金逐戶支付，此為扣除扣繳所得稅與印花稅後之淨額，為便利送出信件及收據貼用印花，故須將印花及各股東之淨金額先行由應付股利內支出，所餘之大數為所得稅一百餘萬元，可以在十天內向國庫繳納，現在尚未有現款，待一週後頭寸略寬再作支付云。花旗銀行調查本公司信用，索取六月底資產負債表與損益表，經將送紐約之英文本影印送往。

12月1日 星期日 晴
師友

上午，趙榮瑞君來訪，贈威士忌酒一瓶。

家事

下午，童世芬夫婦來訪，贈白蘭地酒二瓶、香煙四罐、蘋果十個、巧克力糖一盒，並面交其子紳所擬與紹中明年四月四日結婚請柬之文字，徵求同意，關於婚禮此間宴客方式只初步談及，尚無定局。

娛樂

晚與德芳看實踐堂 21 期十六週年聯誼會平劇演出，由小陸光擔任長坂坡，配搭甚好，演來殊非易易。

12月2日 星期一 晴
職務

數月前業務處創辦新業務，以外銷價格售聚苯乙烯予塑膠加工廠，另收與內銷間差額之保證金以備其不能提供本公司以退稅資料時改作另收之部分價格，今日漸有若干客戶發生新的問題，其中更有以尾數改為內銷而致處理特別困難者，蓋此一差額須補開發票，補完營業稅，發票均在本公司開銷之階段，由本公司自開，如在已委託美孚代銷之後，即須請美孚加開，凡此皆須與業務處，美孚及高雄廠會商聯繫解決也。

12月3日 星期二 晴
職務

會計工作永無過多之校對功夫，今日又有一經驗示

知此一真理。日來所擬發放股利之通知，對二十股東各
一件，其中文內有十六個數字填入，稿上寫明另一表上
之欄數以供打字員採用，其中第十七個數字與第十六
同，而第十六原寫為第十三，經發現改正，但遺忘將第
十七個改為第十六，打字員乃將第十三欄打入，較應有
者大出十倍，經校對發覺，此頁乃重新打過，最後又校
對一過，發現表上有一數字寫錯，與開出支票相差千
元，於是此一件又加改正，最後用印貼印花，至晚又不
及送出。

12月4日　星期三　晴

職務

　　準備數日之發放股利事，今日始正式送出，但尚有
二事仍須有待，一為莫比公司部分，曾詢該公司在此比
較固定之董事白鐵珊君，云待 Stretton 月中後來台談後
再議，余查以前分紅紀錄，係通知紐約莫比公司，余乃
於今日將股利通知函譯成英文，並於函末徵詢該項現金
之處理意見，二為王文山部分固無款可發，且須於車馬
費內補扣四十餘元，故將函留下待二十日一併送車馬費
時結算。

交際

　　會計人員聚餐今日舉行，席間對於本國會計師事業
之不能發展，任菲律賓人在此坐大，均深致喟嘆，然又
無急救之法焉。

12月5日　星期四　晴
職務

寫作十二月份工作報告，備提下星期舉行之會報，今日所寫有一特點，即因年底即屆，有四問題有關結束帳務者提出討論。

交際

晚，以藍色申報吳崇泉會計師公費餘款在世界酒店聚餐，到者以本處同仁為主，表演節目極為精采，極盡聲色與驚險之奇觀，該酒店為新設，似取價稍昂。

12月6日　星期五　晴
職務

程寶嘉會計師所辦之本公司增資變更登記文件已經彙集齊全，依外國董事之意見，先行送來，由余譯成英文，彼等核閱後再予送出，現已送到，今日以全日之力將其中尚無譯文之部分如申請書、登記事項表、股東名簿、補選董監事名單、同業公會證明書、對會計師委託書等逐一譯就，即交打字員清打，至於其他各件如公司章程，會議紀錄等項，均有現成譯本，今日在譯述之間大部分係參考上年所託之外人所譯而再加斟酌者。

12月7日　星期六　晴
職務

自銷貨委託美孚公司總代理以來，有二大難於解決之問題，一為貨款不能依約撥到，余與其財務經理一再催索，告以星期一必須為股東繳稅，六、七兩月份應於

兩個月前支付之款既經核明為三百七十餘萬，望於下週一以前撥到，二為銷貨資料不能在月底後三天內送齊，而平時之拖延亦甚可觀，致不能每月七日將估計數電達紐約。

12月8日　星期日　晴

交際

前山東省銀行顧問吳炎在中山堂為其亡母慶百年冥誕，事先曾徵求文字，余為題對聯一幅「方姚文章，桑梓經濟，儒佛心腸，歐孟家風」。今日前往祝賀敬禮，並取來紀念冊一本。

師友

晨，張志安師母來電話，謂崔唯吾師數日來已不爽，昨日轉劇，住入宏恩醫院，斷為狹心症，因吳炎母壽事，囑代為送禮，移時余與德芳往宏恩醫院探視，張師母詳述病況，謂因年高及心臟病難治，數日內頗有危險云。

12月9日　星期一　晴

職務

此次公司變更登記所需資料，經會計師集齊及由余譯成英文後，本以為再經律師過目即無問題，孰知今日詢之為此事曾有甚多意見之莫比公司前董事 Stark 後，又不簡單，彼主將中文文件及英文譯本各備三份，除交彼一份外，另二份分送兩律師核閱後並定期集會交換意見，乃於下午趕印副本，以備明日分送。下午舉行業務

會報，余在會中除報告各項工作外，並提出四項討論案，多為有關年終結束事項，並有關明年實施標準成本之準備事項，此外則總務處提出有關待遇之物價指數問題，余並加以補充，並請同時注意綜合所得稅提高問題。

12 月 10 日　星期二　晴
職務

為公司變更登記之各種文件最後加以整理，中英合璧，裝成三冊，立即分送兩律師各一份，Stark 一份，並電話洽請兩律師於二日內送回，以便分送各董事監察人簽蓋，俾於十四日前送至經濟部，又關於簽蓋事，余因恐兩天不夠，故於今日即將申請書正文交總務處立即開始，不待律師閱後再送矣。報稅捐處分處與美孚續訂代銷合約，十二月一日至六月底。

交際

會計師工會晚在中國飯店約宴，討論 IFC 派 Morrison 來華檢討我國會計師業務應準備提出之事項，意見甚多，余發言主儘量反應本業實況，甚得共鳴。下午到宋作楠會計師事務所參加遷移重組酒會。

12 月 11 日　星期三　晴晚雨
職務

美孚代銷產品之貨款已結清至七月底，該公司以前所收七月底以前之遠期支票，尚有交由本公司託銀行代收尚未收到，或已收到記入本公司帳者，依該公司之意

須早作清理，予以退回，現在正趕辦之中，同時八月底
貨款應於十一月底結清者，即日開始會算，該公司預定
至本於十五日可以撥到，余亦表示希望不遲於十八日，
因本公司十八日有三百餘萬款須支付也。

12月12日　星期四　晴

職務

紐約方面又囑填送 Corporate Details 表，今日上午
為之填就，此事係由 Fisher 函慕華之 Gnesin 轉來者。
下午參加與美孚聯席會議，大部時間討論銷貨，余對財
務方面提供意見，希望將來美孚在現款較充實時可陸續
支付貨款，不必定等候至合約所訂之月底，白鐵珊經理
允將此意赴港轉達，余強調此點，基於二公司不妨在澈
底合作下經營業務，例如該公司六、七、八個月貨款未
能按期撥到，本公司利息損失不少，該公司體察實情，
應不完全為此而完全依合約辦理也。

12月13日　星期五　晴

職務

編製十一月份 Capital Expenditure Report，並撰寫十
一月份之月結表所用之 cover letter，本月份因銷貨略有
起色，盈餘亦超出百萬，而十一個月來之累積盈餘亦達
到八百萬元，雖距預算甚遠，然比預料已優越多多矣。
因辦理公司變更登記需用增資前後之資產負債表與試算
表，更因此次增資係兩次收清，故報表為各兩份，連日
正由周、王二君趕辦中。

12 月 14 日　星期六　雨

職務

上午舉行會報，由昨日回台之高雄廠廠長袁慰亮報告訪問美國、丹麥、義大利之經過，對於廠內生產問題頗多啟發之處。預訂今日送出之增資登記，因打字時間延誤，至午始竟，且多必須改正之處，且送由端木愷律師核對之稿至今午始送來，提出一項意見，且彼與 Stark 亦通電話提起，雖無關重要，而 Stark 又認為重要，於是必須延至下星期一亦即最後限期，始可送出矣，在余預留餘地之原則下，此事當不致真有延誤也。

交際

晚，同德芳到中泰長壽廳參加朱佛定子均章在加拿大結婚之喜宴。

12 月 15 日　星期日　晴

師友

上午到宏恩醫院探視崔唯吾先生心臟病況，入院現為第八天，據云過去數日雖甚嚴重，但最危險期為第九、十天，現在子女崔中、崔玖均已由美趕回侍奉，志安師母亦不離左右云。

瑣記

國民大會自本年度起開始發給文具，今日為第一次，經往領鋼筆、信封等。到第七合作社為古亭區合作社選舉社員代表，並領紀念品瓷碗十隻。

12月16日 星期一 晴

職務

因上週未將變更登記資料備齊，今日乃趕將各表於上午整理完畢，中午即送程寶嘉會計師，渠將於下午送經濟部。本公司數年來只有美森板呆帳一筆，今日貝聿燾送來經趙總經理同意予以轉銷之台德呆帳三十餘萬元，此帳為五十四年之貨款，不知何以延至今日仍未解決，據台德函云乃送貨至另一客戶，其後收到空頭支票之所致，此事依代銷貨品合約並未規定呆帳之責任，但公司內各層人員皆對台德主張寬容，其中必有特別原因也。

12月17日 星期二 晴

職務

編製本月份薪津表，因二十日銀行休假，須十九日發薪，故提早辦理也。與美孚公司接洽結算六至八月份貨款，今日該公司撥來八月份，但因三個月內之支票係隨時交本公司收帳，尚有未到期支票應退該公司所有，自九月份即整月撥款矣。

瑣記

上星期六曾與德芳到聯邦公司接洽所定富錦新村房屋之換用鋁門窗事，余認為補價太多，連日一再與中華鋁門窗公司及原供鋼窗之鴻星公司洽詢，對於規格已大體明白，似聯邦所算補價不若想像之高云。

12 月 18 日　星期三　晴
職務

薪俸表編就並將支票全部開好後，葛副總經理忽告其中二人已移至美孚公司任用，本公司待遇停發，於是乃將已製之表內二人數字劃去，連帶的所得稅退職公積金與勞工保險費均須減除，而另開支票，於是費去兩三小時始告完成。交通銀行聚苯乙烯設備借款，係由莫比公司委託紐約花旗銀行以 Clean letter of credit 方式擔保，該 L/C 將於年底滿期，今日函紐約之主管 V. R. McLean 請於年底前託花旗銀行續展生效。

12 月 19 日　星期四　晴
職務

因二十日銀行對外休業，故於今日發薪，發薪後本年之薪俸支出即告一段落，於是準備半年扣繳所得稅申報資料，余本每月用剪貼辦法將支出數與扣繳所得稅數加以彙計，今日剪貼完畢，即逐一審閱，發現頗有錯誤，經即改正，然後交高秀月小姐代余開始填寫扣繳憑單。新任總經理 T. E. Stretton 由美來台，今日到公司作一般接洽，據聞因趙董事長不在台灣，須待其回台始行接事。答復花旗銀行來電話談利率加一釐事，又答復其來年之 Credit lines 暫定不變云。端木愷律師派員送閱呈經濟部請准於本公司收五千萬資本後，准莫比公司匯回孳息之文稿。

12月20日　星期五　晴

職務

　　準備月底之扣繳所得稅彙計申報，由余填寫股利與租金部分，已經完成，由高秀月準備薪津部分，因份數較多，較費時日，故早日著手，以便年底完成。新任本公司總經理 Stretton 前日來台，將於日內接任，並分別談話，余準備資料，用美金千元單位編成十一月底資產負債表與十一個月損益表。花旗銀行調查信用，今日由徐君以電話詢問各產品推銷數量以及股東人事等情形，此一銀行之調查人員有數人，來電話探詢事項亦有重複，不知何以如此。

12月21日　星期六　陰

職務

　　本公司十一個月來之業務情形已足為全年之顯示，十一個月之純益為八百五十萬元，故年底當在九百萬強，其中不定之因素為應收帳款餘額，若大即須增提呆帳，否則應減呆帳，準備增則盈餘減，否則盈餘增，而目前應收帳款大部為美孚公司一家，依合約其年底應支付之三個月前貨款如不脫期，則呆帳準備少提，盈餘將為之增高也。

12月22日　星期日　雨

師友

　　上午到宏恩醫院第三次探視崔唯吾先生之病，現已完全脫離危險，只待靜養三週即可康復。

集會

上午到中山堂向光復大陸設計研究委員會及國民大
會憲政研討委員會年會辦理報到手續。中午到實踐堂參
加國大代表同仁聯誼會聚餐。下午出席國大代表黨部黨
員大會。

娛樂

晚，在實踐堂觀劇，由張正芬、馬維勝、周正榮合
演新編之睢陽忠烈，唱做均擅勝場。

12 月 23 日　星期一　晴

職務

上午，公司同仁舉行茶會歡迎新任總經理 Stretton，
逐一介紹相識，彼致詞後散會。繼即分單位約集談話，
由會計處開始，余與孔、周二君參加，答復彼所詢之有
關一般財務、會計等問題，極其廣泛，歷時一上午始
竟。

集會

光復大陸設計研究委員會今日開全體會，余上午因
事未參加，下午出席，重要項目為外長魏道明報告外
交，分析當前國際局勢與外交方針甚為詳盡客觀，然仍
謂本國前途樂觀云。晚半數委員在光復廳聚餐。午魯青
代表聚餐。

12 月 24 日　星期二　晴

職務

余因開會關係兼以本年休假尚未用完，故連日均請

假半天，但公司事務必須應付，半日時間輒感不足也。
高雄廠建議早發年終獎金，以免明年稅率提高，各人負
擔加重，但技術問題頗費思量，因規定須於一月間發
給，原則上帳上必在十二月支出，其細節當再設想也。

集會

　　下午，到中山堂開光復大陸全體會議，李國鼎報告
經濟。

娛樂

　　晚同德芳觀劇，金錢豹、武家坡、拾玉鐲與大登
殿，拾玉鐲由鈕方雨擔任，做工細緻，甚得好評，大登
殿由哈元章、嚴蘭靜、郭小莊擔任，搭配甚好。

12月25日　星期三　晴

集會

　　上午，舉行行憲紀念會、國大代表年會及憲政研討
會全體會聯合開幕典禮，由蔣總統主持，即席宣布其致
詞，繼由行政院長嚴家淦報告施政。下午舉行年會討論
提案，各代表為建築住宅事三年不決而發言盈庭，議案
皆照案通過，顧未知實行情形如何耳。

12月26日　星期四　晴

職務

　　因變更登記用之試算表與資產負債表在文件備齊送
律師核閱時尚未編就，未予附入，迨編就加入申請後
只為歸卷，故未將該表譯為英文，但日前新任總經理
Stretton 主張將登記文件副本與英文一本送紐約一份存

卷，乃發生將該表及譯文補入之問題，今日乃由打字小姐重新將中英文本打好備用。

集會

下午休假，出席國民大會憲政研討委員會，今日為此會全體會議之第一天，議案甚多，但並無十分迫切之件。

12 月 27 日　星期五　晴
職務

日前為 Stretton 編就本年九至十一月三個月來之逐月銷貨數量與金額表，不變製造費用明細表、銷貨費用明細表、管理費用明細表、損益表，經其詳閱後於今日與余討論，其大要為比較明年 Profit Plan 之每月盈餘數，認為每月數並不虛列，可以放心做到。變更登記申請書中、英文本於今日函送紐約存卷。

娛樂

晚，高銓君贈票在藝術館看中信局票社表演，兩齣戲為鼎盛春秋與審頭刺湯，演員極不整齊，較特出者為蕭君之伍員與李閻東之湯勤。

12 月 28 日　星期六　晴
職務

編製年終獎金表，高雄廠所編者亦經送到，全體約需新台幣一百萬元，已在每月之費用內列支，為避免一月間發放將負擔較重之所得稅，原則上將於今年列入各同仁之帳。下午參加生產力中心舛田精一「分部績效管

理」演講會。

交際

　　晚，同德芳到顧問團餐廳參加 Stark 之 Cocktail & Buffet Party。

師友

　　晚，同德芳訪樓有鍾兄，託帶華府紹南、紹中項鍊兩件，樓兄係經合會 TA 計劃出國考察二個月，一個月將在華府。

12 月 29 日　星期日　晴

師友

　　上午，同德芳到板橋訪童世芬夫婦，談紹中與其子紳明春婚禮有關事項，並贈童紳衣料一件、童氏夫婦蘋果一打。

體質

　　數月前心口有壓迫現象，經醫診斷心臟無病，未加注意，旋此項現象亦漸漸消失，近日情形又有轉變，有時心口又有壓迫之感覺，因診察不易，亦只好認為係胃部之問題，從飲食上加以控制，連日多食水果蔬菜，米麵及肉類俱予減少，未知能否收效。

12 月 30 日　星期一　晴

職務

　　辦理本年考績，會計處共有五同仁，余對周煥廷、孔繁炘、王昱子與高秀月均考特優，對王淼考普優，另外並擬將來分組辦事，計分成本、帳務、財務三組，由

周任成本組，孔任帳務，余兼財務。核閱上週所製之獎金表，發現有列數錯誤者，逐一加以改正，此項資料本最易計算，但因筆誤及月份計算不準確，形成應發款數之不一致現象。花旗銀行部分 knowhow 費借款，預定明日到期，但因申請外匯尚未獲得，故只能央求該行予以通融。

12 月 31 日　星期二　晴
職務

為供新總經理 Stretton 之參考，編製十一個月之 Cash Flow 表一種，列舉此期內由純益之增加及長期借款之增加之資金若干，此數又用於固定資產與發放股利各若干，差額為 working capital 之增加，下附說明附表，示此一 working capital 之增加內容或減少內容，如現金減少，短期負債增加，應收帳款與存貨增加等，其淨差與上表之差額相同，此種表式在明瞭會計者極有用處，未知完全外行人士能否明瞭耳。

附錄

收支表

月日	摘要	收入	支出
1/1	上月結存	85,469	
1/1	食品、牙刷、書刊		45
1/5	酒、髮藥、奶水		60
1/7	理髮、書刊		20
1/10	書刊、水果、郵票、唱針		40
1/10	上月中餐、車費		210
1/11	酒		30
1/13	車錢、水果、花		30
1/14	贈丁國霖肉乾、洗衣、食品		140
1/19	送喬修梁掛燈、食品、染髮藥、水果		115
1/20	本月待遇	9,300	
1/20	家用		4,500
1/25	三日來旅行購物用		65
1/25	春節賞工役		100
1/27	二月研究費	2,880	
1/27	公保、黨費、捐款		397
1/27	二月公費	2,880	
1/27	修屋貸款 47 期、所得稅		360
1/27	二月房貼	200	
1/27	衣料二期		120
1/27	車票、車錢、食品		103
1/27	贈朱興良兄食品		260
1/27	家用		9,100
1/28	建業中學車馬費	75	
1/28	唱片、書刊		90
1/31	藥品		50
	合計	100,804	15,835
	本月結存		84,969

月日	摘要	收入	支出
2/1	上月結存	84,969	
2/1	連日車費		90
2/3	贈友用紙箋		50
2/4	理髮、車費、水果		85
2/7	上月中餐、車費		180

月日	摘要	收入	支出
2/10	黨校聚餐、咖啡半磅、唱片、書刊		180
2/11	贈喬東晨禮品、車錢		85
2/13	贈中寧兄手提箱		190
2/16	餅乾五種		100
2/17	國學治要、書刊、水果、車錢		255
2/18	理髮、唱片		35
2/20	本月待遇	8,900	
2/20	家用		3,400
2/22	咖啡二磅、食品、水果		165
2/24	靳鶴聲壽禮		200
2/24	約中寧晚飯		100
2/28	食品、水果、雜用		40
2/29	三月國大待遇	5,960	
2/29	公保、黨費、捐款、屋貸 48 期、稅		728
2/29	衣料三期		120
2/29	家用、阿利那命、公請葉君		8,562
	合計	99,829	14,515
	本月結存		85,314

月日	摘要	收入	支出
3/1	上月結存	85,314	
3/1	車票		60
3/2	于永之子喜儀、食品、水果、書刊		240
3/3	修唱機、理髮、菜		80
3/4	上月中飯、車費、奶水		190
3/10	水果、食品、書刊		50
3/13	朱佛定壽份		100
3/16	餅乾一箱、公請梁興義		280
3/17	理髮、水果		20
3/19	祈富靈 30 粒		70
3/20	水果		30
3/20	本月待遇	8,900	
3/20	家用		4,000
3/21	藥品		80
3/23	茶葉		20
3/24	電影、唱片		100
3/26	水果		20

月日	摘要	收入	支出
3/27	肥皂、書刊		60
3/30	聯戰班聚餐、水果、食品、書刊、輓聯		210
3/30	四月待遇	5,960	
3/30	公保、黨費、所得稅、車錢		234
3/30	衣料四期		120
3/30	修屋貸款 49 期		328
3/30	家用		8,400
	合計	100,174	14,672
	本月結存		85,502

月日	摘要	收入	支出
4/1	上月結存	85,502	
4/1	理髮、書刊		25
4/3	上月中飯、車費		210
4/3	水果、奶水、樟腦		60
4/7	旅行、水果		50
4/9	藥品、水果、書刊		100
4/10	食品		50
4/16	水果、香皂、奶水、書刊		65
4/19	餅乾、書刊、茶葉		135
4/20	本月薪	8,900	
4/20	黃鼎丞嫁女喜儀、茶葉		135
4/27	兩次看牙、送李常泰父喪輓聯		65
4/28	送禮、汪菊珍女湯餅禮		1,200
4/29	藥品、書刊、理髮、看病		95
4/30	五月待遇	5,960	
4/30	公保、黨費、所得稅、同仁捐		307
4/30	本期子女教育費	1,100	
4/30	衣料五期		120
4/30	修屋貸款 50 期		328
4/30	家用		12,000
	合計	101,462	14,948
	本月結存		86,514

月日	摘要	收入	支出
5/1-3	上月結存	86,514	
5/1-3	裝牙、上月中伙、車費		635
5/1-3	李德廉輓聯		15
5/5	月票、車費		70
5/6	書刊、郵票		15
5/8	藥品		200
5/9	牙刷、鞋油、藥品、水果		35
5/11	維他命 E、晚飯、水果		230
5/12	理髮		15
5/13	書刊		35
5/16	打針		400
5/18	AID 同仁聚餐		150
5/20	本月待遇	8,900	
5/20	打針		300
5/20	家用		4,100
5/25	請同仁點心、修鞋、水果		85
5/26	項傳遠賻儀		100
5/26	車錢、理髮		35
5/27	打針		200
5/28	電影、車錢、食品		30
5/29	餅乾		100
5/29	端節賞工役		100
5/30	六月研究費	2,880	
5/30	公保、黨費、所得稅、同仁捐		317
5/30	六月公費	2,880	
5/30	衣料六期		120
5/30	六月房貼	200	
5/30	修屋貸款 51 期		328
5/30	家用		8,300
5/30	蚊香、書刊		65
5/31	食品、車錢、酒、汽水		120
	合計	101,374	16,100
	本月結存		85,274

月日	摘要	收入	支出
6/1	上月結存	85,274	
6/1	水果、輓聯		70
6/2	書刊、車錢		30
6/6	咖啡二磅、水果、藥皂、名片、輓聯		230

月日	摘要	收入	支出
6/8	上月中飯、車費、電影		240
6/9	縫工、理髮		510
6/15	車票、戲票、車錢、奶水		140
6/19	本月待遇	8,600	
6/19	藥品三種		230
6/19	家用		3,500
6/22	食品、水果、車錢		70
6/25	趙廷箴生日賀禮、車錢等		180
6/28	連日車錢、水果、食品		60
6/30	牛奶、車錢		60
6/30	七月研究費	2,880	
6/30	公保、黨費、所得稅		114
6/30	七月公費	2,880	
6/30	修屋貸款 52 期		330
6/30	七月房貼	200	
6/30	同人捐		236
6/30	家用		8,300
	合計	99,834	14,300
	本月結存		85,534

月日	摘要	收入	支出
7/1	上月結存	85,534	
7/1	書刊、帶子、其他		30
7/8	縫工		750
7/9	上月中飯、車錢		190
7/10	奶水		20
7/11	書刊、水果		75
7/16	電影		35
7/18	電影		30
7/21	本月待遇	8,900	
7/21	理髮、車錢		4,120
7/22	建業中學	75	
7/22	藥品、藥皂、笋子		90
7/23	奶水、紹因用		30
7/28	李漢鳴子喜儀、王金祥母喪儀		300
7/31	八月研究費	2,880	
7/31	公保、黨費、所得稅		115
7/31	八月公費	2,880	
7/31	修屋貸款還 53 期		330
7/31	八月房貼	200	

月日	摘要	收入	支出
7/31	家用		8,500
7/31	書刊、食物、車錢、藥品、郵票		185
	合計	100,469	14,800
	本月結存		85,669

月日	摘要	收入	支出
8/1	上月結存	85,669	
8/1	書刊、食品		30
8/2	食品		20
8/4	啤酒、茶葉		130
8/5	改衣		25
8/6	書刊		20
8/7	茶几四隻、上月中飯車錢		370
8/10	車票、襪子、唱片、紹因用		130
8/11	奶水		15
8/13	縫工		480
8/18	理髮、車錢		25
8/20	本月待遇	8,900	
8/20	家用		4,200
8/25	徐承烈等咖啡、車費、食品、花束		115
8/31	九月研究費	2,880	
8/31	公保、黨費、所得稅		114
8/31	九月公費	2,880	
8/31	修屋貸款 53 期		330
8/31	九月房貼並補七、八月份	800	
8/31	同仁捐、水果		276
8/31	家用		8,800
	合計	101,129	15,080
	本月結存		86,049

月日	摘要	收入	支出
9/1	上月結存	86,049	
9/1	理髮		10
9/2	贈張緒正內衣		310
9/2	贈七弟字紙簍等		40
9/5	上月中飯、車費、書刊		235
9/9	戲票		20
9/12	車錢		20
9/15	理髮		15

月日	摘要	收入	支出
9/17	公請林天明		150
9/20	本月待遇	8,900	
9/20	家用		5,000
9/21	酒、看戲、藥皂、藥品		120
9/25	同仁點心		95
9/27	柚子30個		100
9/29	理髮、水果		20
9/30	車錢		20
9/30	家用		8,500
	合計	94,949	14,655
	本月結存		80,294

月日	摘要	收入	支出
10/1	上月結存	80,294	
10/1	武文壽禮		200
10/1	本月研究費、公費	5,760	
10/1	公保、黨費、所得稅		115
10/1	本月房貼	400	
10/1	修屋貸款55期		328
10/1	同仁捐		242
10/2	書刊、車費		50
10/4	吳仲讓喜儀、中秋賞役、車票		260
10/5	上月火食、車費		205
10/16	送馬賓農花籃份金		25
10/20	製衣、畫冊		1,300
10/20	本月待遇	8,900	
10/20	家用		4,700
10/20	食品、電影、門票、水果、書刊、早點		105
10/21	祈富靈三十片		70
10/22	鞋油、牙刷、頭臘、水果		45
10/24	書刊、水果		45
10/25	早點、遊山		55
10/27	書刊、花粧品、理髮、車錢		165
10/27	餅乾二種		50
10/30	十一月研究費、公費	5,760	
10/30	公保、黨費、所得稅		115
10/30	十一月房貼	400	
10/30	修屋貸款還56期		328
10/30	同仁捐		1,100

月日	摘要	收入	支出
10/30	本學期教育費	138	
10/30	本學期獎學金	1,820	
10/30	家用		7,000
	合計	104,434	15,540
	本月結存		88,894

月日	摘要	收入	支出
11/1	上月結存	88,894	
11/1	領帶、鎮紙、書刊、水果、賀年片		180
11/4	戴興周輓聯、月票、書刊		90
11/5	上月中飯、車費		210
11/5	餅乾、水果、理髮		110
11/8	唱片、車錢、食品		65
11/12	奇石、旅行、什用		435
11/12	公請袁廠長		150
11/17	咖啡二磅、酒二瓶、食品		220
11/20	理髮、水果		30
11/20	本月薪	8,900	
11/20	家用		7,200
11/20	于培清女喜儀		150
11/21	餅乾		50
11/22	旅行、車錢		130
11/23	車錢		30
11/24	吳幼梅女喜儀		200
11/27	車錢、水果		25
11/28	餅乾 500 公克		20
11/29	宴客		1705
11/30	十二月份研究費、公費	5,760	
11/30	公保、黨費、所得稅		115
11/30	十二月份房貼	400	
11/30	修屋貸款 56 期		328
11/30	同仁捐		80
11/30	家用		6,500
11/30	茶葉、電池、水果、酒		112
	合計	103,954	18,135
	本月結存		85,819

月日	摘要	收入	支出
12/1	上月結存	85,819	
12/1	車錢、書刊		30
12/3	書刊、理髮		20
12/5	瓷器、唱片、糖果		70
12/5	上月火食、車錢		195
12/8	吳炎母冥壽份金		100
12/13	酒、水果		40
12/14	朱佛定子喜儀		200
12/15	水果		35
12/17	理髮		15
12/18	郵票、電池、書刊		30
12/19	本月薪	8,900	
12/19	家用		4,800
12/22	國大集會費十三個月、光復會集會費	7,700	
12/22	家用		8,900
12/23	領帶、牙膏、聚餐、水果、食品、車錢		240
12/24	郵票、車錢		30
12/25	食品		30
12/27	車票、水果、酒		155
12/28	廣柑一箱		95
12/28	純文學一年、郵票		85
12/29	車費		10
12/31	一月份研究費、公費	5,760	
12/31	公保、黨費、所得稅		115
12/31	一月份房貼	400	
12/31	修屋貸款 57 期		330
12/31	同仁捐		240
12/31	紹彭火車票、書刊、理髮		130
12/31	家用		7,100
	合計	108,649	22,995
	本月結存		85,654

吳墉祥簡要年表

1909 年	出生於山東省棲霞縣吳家村。
1914-1924 年	入私塾、煙台模範高等小學（11 歲別家）、私立先志中學。
1924 年	加入中國國民黨。
1927 年	入南京中央黨務學校。
1929 年	入中央政治學校（國立政治大學前身）財政系。
1933 年	大學畢業，任大學助教講師。
1937 年	任職安徽地方銀行。
1945 年	任山東省銀行總經理。
1947 年	任山東齊魯公司常務董事兼董事會秘書長。當選第一屆棲霞國民大會代表。
1949 年 7 月	乘飛機赴台，眷屬則乘秋瑾輪抵台。
1949 年 9 月	與友協力營救煙台聯中校長張敏之。
1956 年	任美國援華機構安全分署高級稽核。
1965 年	任台達化學工業公司財務長。
1976 年	退休。
2000 年	逝世於台北。

民國日記 93

吳墉祥在台日記（1968）

The Diaries of Wu Yung-hsiang at Taiwan, 1968

原　　著　吳墉祥
主　　編　馬國安
總 編 輯　陳新林、呂芳上
執行編輯　林弘毅
封面設計　陳新林
排　　版　溫心忻、施宜伶

出　　版　　開源書局出版有限公司
　　　　　香港金鐘夏慤道 18 號海富中心
　　　　　1 座 26 樓 06 室
　　　　　TEL：+852-35860995

　　　　　　民國歷史文化學社 有限公司
　　　　　10646 台北市大安區羅斯福路三段
　　　　　　　　37 號 7 樓之 1
　　　　　TEL：+886-2-2369-6912
　　　　　FAX：+886-2-2369-6990

初版一刷　2022 年 1 月 27 日
定　　價　新台幣 400 元
　　　　　港　幣 110 元
　　　　　美　元　15 元
I S B N　978-626-7036-64-8
印　　刷　長達印刷有限公司
　　　　　台北市西園路二段 50 巷 4 弄 21 號
　　　　　TEL：+886-2-2304-0488

http://www.rchcs.com.tw

國家圖書館出版品預行編目 (CIP) 資料

吳 墉 祥 在 台 日 記 (1968) = The diaries of Wu
Yung-hsiang at Taiwan,1968/ 吳墉祥原著；馬國
安主編 . -- 初版 . -- 臺北市 : 民國歷史文化學社有
限公司 , 2022.01

　　面；　公分 . -- (民國日記 ; 93)

ISBN 978-626-7036-64-8　（平裝）

1.CST: 吳墉祥 2.CST: 臺灣傳記 3.CST: 臺灣史
4.CST: 史料

783.3886　　　　　　　　　　111000330